# 智能主义

## 未来商业与社会的新生态

周鸿祎◎著

万物互联时代，基于大数据驱动的
人工智能技术会是互联网经济发展的推动力。
请您雅正。
360 周鸿祎

中信出版集团 · CHINACITICPRESS · 北京

图书在版编目（CIP）数据

智能主义：未来商业与社会的新生态 / 周鸿祎著
-- 北京：中信出版社，2016.11
ISBN 978-7-5086-6739-3

I. ①智… II. ①周… III. ①网络公司－企业管理－经验－中国 IV. ①F279.244.4

中国版本图书馆CIP数据核字（2016）第223954号

智能主义：未来商业与社会的新生态

著　者：周鸿祎
策划推广：中信出版社（China CITIC Press）
出版发行：中信出版集团股份有限公司
（北京市朝阳区惠新东街甲4号富盛大厦2座　邮编　100029）
（CITIC Publishing Group）
承 印 者：北京通州皇家印刷厂

开　本：787mm×1092mm　1/16　　印　张：16.5　　字　数：130千字
版　次：2016年11月第1版　　印　次：2016年11月第1次印刷
广告经营许可证：京朝工商广字第8087号
书　号：ISBN 978-7-5086-6739-3
定　价：49.00元

# 目　录

## 第三章 智能硬件方法论

做产品从某种角度来说就是做艺术品，但又不仅仅是做艺术品。因为艺术品可以给少数人看，实在不行还可以孤芳自赏，但是产品如果想要获得成功还需要获得商业上和大众的认可，还需要跟市场抗争，跟竞争对手竞争。



## 第四章 新经济·新本质

互联网改变了人类的连接关系，成为人类有史以来最大的颠覆力量，这是一个特殊的存在。万事万物都有其规律和规则可循。互联网自诞生之日起，不仅生存下来，而且颠覆了很多传统企业，昭示出巨大的力量，这其中必然也有自己独特的规则。在这方面，传统企业必须有这个认知，也必须在看到危机的同时找到转型和连接的机会。



## 第五章 创业维艰，唯创不变

创业其实是一种心态，是大家为了实现一个目标，孜孜不倦地去追求，想方设法地去突破，永远热血沸腾，永不满足现状，即便经历过三番五次的跌倒打击、经历过漫漫长夜的抱头痛哭、经历过内心的孤寂与寒冷，也依旧能够不忘初心、咬牙前行。创业本就是九死一生的事情。现在进入我们视线的，往往都是一些比较成功的企业，但我们必须知道，在这些企业的荣耀背后，一定还有100家不成功的企业。而且这些不成功的企业的创始人，也曾经和我们一样聪明、一样勤奋、一样有激情。

## 第六章　颠覆就是把复杂变简单

创新其实并没有大家想象的那么复杂、那么高端。很多时候，创新会从一个非常小的点、一个非常小的细节开始，我管这叫微创新。微创新可以持续不断地进行，最终经过过程的积累，形成颠覆既有市场的力量。



## 第七章　将安全做到极致

不管外界形势如何变化，我觉得互联网是最有活力的。互联网本身有很多技术和产品的创新，也有很多商业模式的创新。这是一个巨大的市场空间，每个企业其实都有机会。所以我觉得最重要的是你希望自己做的手机有什么独特的创新，有什么产品上的极致体验。我觉得只要是瞄着产品，从用户角度来思考，就有操作空间。



## 第八章　重新治理公司：赋能与人

创业就是一场马拉松式的接力赛，一方面，这是一个长期、艰苦的过程，没有七八年达不到目标；另一方面，它又要求必须以百米冲刺的速度去竞争。这一切都需要优秀的创业团队来支撑，要求他们能够前赴后继，要求他们改变世界的精神不变，同时要求企业捆绑个人利益与企业利益的激励机制永在。

# 自 序

2014年年中，我就当时中国互联网的发展情况及奇虎360的战略方向，出了一本书叫《周鸿祎自述：我的互联网方法论》。这本书出版后反响较好，也有很多读者跟我就书中的观点进行交流、切磋。

时至今日，智能浪潮扑面而来，出现了太多的新英雄和失败者，行业内普遍弥漫着兴奋与迷惘的情绪。前方是触手可及的新世界，智能主义必将大行其道，但路到底应该怎么走？或许该是重新梳理总结的时候，这也是这本新书的创作初衷。

## 人工智能有泡沫，纯AI没有商业模式

谷歌的AlphaGo下围棋打败了韩国顶级九段高手，给人工智能做了一个普及。但是大家对人工智能有很多的争论。比如，到底人工智能是不是会带来可怕的后果？到底人工智能将做到什么程度？

我说说我个人的观点。

**第一，人工智能产业有泡沫成分。**

我今年专门跑到西雅图，跑到硅谷去拜访了一些公司，我去了伯克利，和伯克利的八个实验室做了一些沟通。我自己感觉，美国现在整个人工智能会成为下一个产业的泡沫，今天再出来做一个公司，你要不说自己是用深度学习、人工智能，你都不好意思出来混。就跟前两年，你要不说自己是O2O，都不好意思去融资一样，我觉得这有泡沫的成分。

**第二，纯粹的人工智能是没有商业模式的。**

人工智能一定要跟一个领域、一个产业相结合。举个例子，比如推出AlphaGo的DeepMind，是谷歌收购的一家英国公司，下围棋只是他们体现人工智能的一个方式，他们未来可以用这种计算机算法来做很多事情，比如用计算机管理共同基金，投资回报率比人工管理的基金高一个百分点，它就可以成为全世界最大的基金管理公司。所以我们在美国看到了很多企业从务实的角度，把人工智能和很多东西结合在一起。

**第三，人工智能还不足以威胁人类。**

今天的人工智能没有很多文学作者，或者很多文艺青年以及很多科幻电影想象得那样神奇。实际上，严格来说今天的人工智能中的计算机是没有产生思维的，更不可能产生意识，没有意识也就谈不上情感，所以大家所担忧的像《终结者》（1、2）里面的机器毁灭人类的世界，还很遥远。

举个例子，我在伯克利跟实验室人员交流，今天所谓的人工智能只能叫新瓶装旧酒，换句话说就是计算机计算能力的增强，使得过去的算法有了很快速度的提升；今天的互联网和手机的接入采集了大量的数据，然后用深度学习的算法，在大数据的基础之上，实际上是能够让计算机在某些领域产生一些质的飞跃，比如在图像识别方面，现在你给计算机看10万张照片，都是美女，再给它看一个新的照片，让它判断是不是美女。

我们现在已经在做这样的事，现在每天有几十万主播到花椒平台靠人工给自己打分，我发现真的来不及，而且打分标准不统一。我们就拿计算机自动打分，后来发现标准全是锥子脸，计算机就把所有的锥子脸都定义成美女。

反过来，让电脑理解我们说的语言，做到真正的人机对话，目前看都做不到。比如Siri，为什么大家用一用就不用了？因为你再聊两句就知道它不是真人。我们看到很多做人机对话的，并不是电脑有多聪明，而是因为它有很多对话语料，比如把和你的对话摘出来回答另一个人的问题，但这并不能代表真正的人工智能。所以从这一点来说，我觉得人工智能未来至少还需要5~10年的发展。

## 搜索未来发展的两个方向：你问我答，我搜你看

搜索和导航后续的发展，实际上产生了两个分支，有两个重要的方向。

其中一个叫“你问我答”，就像苹果做的Siri。从搜索的大数据延展到人工智能，让手机能够回答你的各种问题，这时候你需要的是一个更精确

的答案，所以这是一个方向。

还有一个方向。其实今天的很多信息内容方向一定是偏娱乐、偏体育的，因为大家生活富足了，都比较偏娱乐化。但是在娱乐内容上，很多时候受众并没有一个明确的关键词，也不知道自己要找什么。很多时候他们就是要找个乐子，有30分钟的碎片时间，希望看一些视频、一些资讯，但是没有一个明确的目标。这时候我们定了一个说法叫“我搜你看”，也是利用人工智能的技术，了解用户的喜好之后，用机器自动帮他聚合，找到他感兴趣的内容，然后推送给他，不需要用户再去通过一个关键词寻找。有人管这个叫信息流，也有人管这个叫自动推荐。

其实叫什么名字不重要，重要的是我认为这两个方向代表了未来搜索的发展趋势。

在搜索方面，因为毕竟有很多的积累，在技术上我觉得360跟百度、谷歌这些公司是可以抗衡的。这些年下来，360已有几亿用户，也积累了大量用户的喜好和习惯。因为用大数据来计算，你才能有这种用户的大资讯。

我们在这两个方面已经做了一些探索，可以看到在智能硬件产品上，我们的儿童手表、儿童机器人，都已经能够做到人机对话。我们也和北京电视台合作，和北京市的一些传统媒体合作，投资了新媒体集团。虽然刚刚开始，但是我们会把我们的搜索技术以及人工智能发现的技术投入进来，再和内容相结合，我们希望能够在未来探索安全的基础上，也能在用户的手机里面有我们的一些内容软件，能够让用户愿意每天花40分钟到一个小时的时间使用这些软件。

## 360人工智能：与智能硬件结合发展

我们把人工智能更多地和智能硬件结合在一起。曾几何时，我们认为做一个小硬件，里面放上安卓的系统，就是智能硬件，其实不是；或者我们把电饭煲、净水器、洗衣机都通过WI-FI跟互联网连上，就是万物互联了，其实这也不是。真正的智能硬件是跟人工智能的大数据的人工大脑连在一起的，使得这些计算能力比较弱的智能硬件能够以一种更好的方式跟我们交互。

举几个例子，比如智能手表，在手表上模仿手机，让用户在那么小的屏幕上去触摸各种应用，让每个用户跟东方不败一样拿一根针去戳手表的屏幕，这是不现实的。所以我们就在手表中加入语音识别、跟小孩对话的功能，小朋友可以问手表各种各样的问题，当然跟小孩对话比较容易，因为糊弄成年人很难，但跟小孩对话，实在回答不出来，可以把这个问题转移给他爸妈回答。

再比如我们做了智能摄像机，你不可能把家做成一个监控中心，所以我们做了一个人脸识别系统，如果家里来了陌生人，就拍一张照片，发给主人，这样可以提高家庭安全。还有，如果家里的孩子和老人起居生活有不正常的情况，也可以通过计算机视觉识别系统识别出来。

此外还有我们最近做的行车记录仪，放了摄像头在你的车上，它不是简单地记录路况，而是能够识别路面上发生的情况，比如你的车前面有几辆车，你的车跟哪辆车离得比较近，或者有哪辆车突然漂移到你的车前面，我们会做出识别。

当然，我们的步子没有跨得太大，与其盲目地去炒概念，炒无人驾驶，还不如在有人驾驶的车上通过一些辅助提醒的功能，让用户更安全。汽车工业做了一百年，它跟 360 有一个共同点，这一百年来它们解决的最大问题，也是用户的最大需求点，就是安全。汽车不像手机，手机如果死机，大不了我们打开电池重启一下，但是汽车 1%的问题都不能出，一出问题就是大问题。

所以现在我们不谈自动驾驶，就谈智能汽车，它就像装了四个轮子的手机一样，需要经常更新软件。现在很多汽车厂商来找 360，我们也已经开发出汽车里面的防火墙，保证汽车不会因为更新了不恰当的软件而失控。自动驾驶听起来是一个很热门的概念，但是我觉得还需要差不多 5 年的成熟时间。我们今天也有一个小组在做这方面的工作，但是我们更多的是把现在的人工智能技术和我们的智能硬件结合，和我们的安全产品结合，这样可以使我们更好地保护用户。

未来，我相信，人工智能时代一旦开启，那对每个人都是新的舞台。技术进步不可阻挡，甚至它会以指数级的速度逐渐加快前进，我们能做的，就是奋力抢占潮头，迎接变化！

第一章

# 智能主义

我们现在的生活，是建立在工业革命和技术革新基础之上的，尤其是近几十年来计算机和互联网的发展，带来了无数的科技成果。今天来看，最令人兴奋的变革发生在人工智能和大数据领域；可以预见的是，人工智能与大数据的完美结合将开启新一轮的发展高潮，我们或将加速迈入智能化时代。

# IOT技术带来第四次工业革命

因为奇虎360本来就是做网络安全的，所以现在经常有人问我，下一个5年，对互联网、移动互联网的安全来说，最大的威胁和挑战是什么。我的答案很简单，就是IOT（Internet of Things，IOT，一般译为物联网）技术带来的第四次工业革命。

## 1. IOT技术带来第四次工业革命

现在大家都在谈IOT，这的确是一个让人激动又让人期待的伟大趋势。到了IOT时代，我们所有能看到的、能想象到的各种各样的硬件，无论是汽车、家居，还是我们身上的可穿戴设备，甚至很多工业生产制造领域的设备都将实现智能化以及与网络的实时连接。并且在我看来，比3D打印技术更让人激动的是它会带来第四次工业革命。

我也经常和国内很多生产制造领域的企业交流。对于它们来讲，IOT

技术给它们带来的最直观也是最大的变化就是可以借此重新发明轮子。有了IOT技术，虽然它们依旧不能把轮子从圆的变成方的，却可以在轮子里面加入各种智能芯片和传感技术。同时，在此基础上，它们也可以把商业模式从单纯的一次性卖设备，变成实时与互联网相连，提供更多的互联网服务，从而盈利。

## 2. IOT时代存在巨大的安全威胁

无疑，IOT带来了巨大的机会，它可以把互联网和很多online（线上）、offline（线下）的东西联系在一起。但是，今天我想说的是，在带来了巨大机会的同时，IOT也将给我们的社会和网络安全带来巨大的威胁和挑战。

**（1）企业或者社会被攻击的可能性将大大增加**

以往，传统企业在进行安全部署的时候经常喜欢说，我们把自己的网络隔离起来，然后在边界的地方加上防火墙。有了这种安全防控，就可以高枕无忧了，但进入IOT时代，却并非这样。

进入IOT时代之后，无处不在的智能设备会通过Wi-Fi（一种允许电子设备连接到一个无线局域网的技术）、蓝牙等各种无线协议连接在一起，整个世界都会变成一张联系空前紧密的大网，而连接点越多也就意味着被攻击的可能性越大。

举个例子，现在有很多厂商想要研发制造智能汽车，我曾经和他们交流过。在他们看来，未来智能汽车存在的最大问题不是自动驾驶，也不是电机充电，而是消费者会担心行驶在路上会不会被人攻击。

其中，有的厂商认为自己的系统非常坚固，几乎不可能被攻击。然后我给他讲了一个道理：你的智能汽车上有蓝牙、有Wi–Fi，这些可能都需要你用手机来操控。一旦如此，我就可以先控制你的手机，然后进一步控制你的汽车。现在，已经有不少黑客试图用类似的方法去劫持像特斯拉这样的智能汽车，让它在行驶过程中出问题。

这只是其中的一个例子，其实，以后这种边界安全的概念将会变得非常含糊。过去，我们说终端安全非常重要。进入IOT时代之后，这个终端将会随着IOT设备数目的增长而无限增长，这就带来了无数个攻击点。所以，这对我们每个做安全的企业都是一个巨大的挑战，当然也是一个巨大的机会。

**（2）可能发生的物理伤害和人身伤害**

以往我们所说的网络攻击：如果被攻击的是计算机，那么可能的后果无非就是损失一些文件；如果被攻击的是手机，那么可能会发生隐私泄露的情况，同时可能会出现在线欺诈。但一旦真正进入IOT时代，IOT设备充分普及，那么这种对IOT设备的攻击就非常可能会带来巨大的物理伤害或者人身伤害。

举个最典型的例子，还是汽车。前面说过，智能汽车存在被攻击的隐患，那么试想一下，如果你的汽车在行驶过程中突然死机，或者突然在高速公路上被叫停会发生什么。恐怕后果会非常严重。这样的情形在美国好莱坞大片中并不少见，比如在布鲁斯·威利斯主演的《虎胆龙威》（第五部）里，恐怖分子通过网络控制了工厂，控制了交通信号灯，控制了电梯甚至控制了别人家的门锁。这种网络攻击的结果自然比信息和个人隐私数据的丢失更为严重。在未来，这将不仅仅发生在一部科幻电影中。

**（3）用户大数据带来的隐私问题**

虽然我们现在都在谈大数据，但实际上，我觉得真正的大数据时代还没有真正到来。PC（个人计算机）时代，我们只有在工作时间才会产生一些数据。到了移动互联网时代，因为智能手机的普及，数据比以前多了很多，除了睡觉，我们都在用手机，各种APP（应用程序）会产生各种数据。但这些相对IOT时代，基本没有可比性。

进入IOT时代之后，IOT设备的数目会是现在的10倍。现在中国有6.88亿网民[①]，假设未来平均一个人用两部手机，一部iPhone（苹果手机）、一部Android（安卓手机），那就是近14亿个移动设备。除了手机之外，我们每个人身上还会有至少5~10个智能设备，家里可能还会有20个左右的

① 数据来自中国互联网信息中心（CNNIC）于2016年1月22日发布的《中国互联网络发展状况统计报告》。该报告称，截至2015年12月，中国网民达6.88亿。——编者注

智能设备，甚至灯泡、插座这样的小物件都会连到互联网上。所以整个算下来，你会发现未来IOT设备的数目会是现在的10~20倍，也就是说，几年之后仅仅在中国市场，这种智能终端的数量就可能会达到140亿~280亿个，这无疑是一个巨大的数字。

除了数量众多之外，IOT设备还有一个特点。比如今天的运动手环或者智能手表，我们睡觉的时候它也在工作，它会每天24小时地把我们的数据上传到云端，这就意味着每个人各个维度的数据都会被收集起来，你会发现真到了那个任何个体都没有隐私可言的时代。对科技来说，我们彻底变成了一个透明的数码人，你所有的数据都会被不同的互联网公司拿到它们的服务器上。

## 3. 用户信息安全三原则

现在，很多互联网企业非常激动，因为如果大数据收集和应用成为现实，那么它们就会知道很多事实，比如你是谁、你要干什么、你准备干什么等，并且可以借此做更精准的营销、做各种智能推荐。事实上，这已经不仅仅是想象；相反，它正在变成现实。但其中有一个问题需要平衡，就是如何保护用户隐私。

美国有一个著名的作家叫阿西莫夫，他写了很多经典的科幻小说，我非常喜欢他的作品。为了让机器文明的发展能够不伤害人类，他提出了一个“机器人三大法则”（第一法则：机器人不得伤害人类，或坐视人类受到伤害；第二法则：除非违背第一法则，机器人必须服从人类的命令；第三法则：在不违背第一及第二法则的基础上，机器人必须保护自己）。

受此启发，国内很多互联网公司交流之后，提出了一个“用户信息安全三原则”，在此和大家分享一下。

**（1）数据是用户的资产，只不过用户把它托管在了互联网公司的服务器上**

数据资产，目前这个概念在法律上还非常含糊。用户使用智能设备，使用手机上的APP，产生的数据被上传到云端，最后放在互联网公司的云端服务器上。这是数据产品和存储的整个过程。数据到底是谁的资产？目前法律上并没有明确的规定。但是我们觉得应旗帜鲜明地规定这些数据资产是用户的资产，只不过用户把它托管在了各个互联网公司的服务器上。

当然，其中还有一个概念没有说清楚，那就是IOT时代的互联网公司将不仅仅是我们现在所定义的这些互联网公司，以后很多企业都会变成互联网公司。比如，过去卖电视的人没有用户数据，但有了智能电视之后，用户一旦购买，也就和企业建立了连接；以后卖汽车的企业也至少会有一个云端服务器用来对每辆汽车进行升级和更新。所以，从这个角度来说，以后会有越来越多的企业使用IOT技术，也就会有越来越多我所定义的这种互联网公司。

**（2）用户有知情权和选择权，企业要使用，需要拿到授权**

用户之所以心甘情愿地把数据交给互联网公司使用，一定是他可以通过这种出让行为换取很多免费或者有价值的服务。

比如，当使用搜索引擎的时候，我们之所以愿意让搜索引擎将自己的搜索请求存储在它的服务端，一定是我们需要搜索结果来解决问题，才会愿意把自己内心非常隐私的东西输入进去。再比如，我们在用APP或者微信这些手机应用或IM（即时通信）软件的时候，之所以愿意把自己的地址本全部上传，是因为只有这样做系统才能帮助我们进行匹配，然后才能知道谁是我们的朋友、谁是我们朋友的朋友、我们和谁联系最频繁。

互联网公司要利用这些用户数据牟利，这无可厚非，也算是正当的商业模式，但最关键的问题是，我们觉得用户要有知情权和选择权。也就是说，用户不是完全被动的，企业必须通过提供某种免费服务来换取这种授权。如果确实有少数用户不愿意拿自己的隐私去做这种商业上的交换，那么我觉得这些用户有权要求互联网公司销毁和删掉自己的数据或者自己拿走这些数据。

**（3）互联网公司有义务维护用户数据的安全**

当下，存在很多用户信息丢失或者泄露的情况，究其原因，主要还是互联网公司自己的安全水平不过关，最终导致服务器被人攻破，用户信息被窃取，其中甚至包括用户的信用卡信息。归根到底，还是互联网公司的安全意识或者技术能力存在问题，有些网站甚至直接用明文来储存用户信用卡的密码和信用卡的最后三个数字，这些本来都是应该加密的。

所以，虽然现在很多企业非常兴奋地表示自己也要利用IOT技术，转型成为互联网公司，但我更希望它们能够扪心自问，看看自己是否真的具备了这种安全存储、安全传输的技术能力和产品能力。也就是说，当你在夸耀自己拿到了多少用户数据的同时，必须要尽好保护用户数据的责任。因为一旦有人攻破你的服务器并拿走这些用户数据，造成的后果将不堪设想。现在很多用户为了记忆方便，所有网站和APP上用的都是同一个密码，这就意味着如果其中一个被攻破，那么其他的网站和APP也会受到攻击。

这就是我们提出的用户信息安全三原则。我们希望，在未来，无论是中国的还是美国的所有做网络安全的公司，包括做用户隐私保护的公司，也包括很多传统的互联网公司，都能以用户数据的安全为己任。在我看来，只有让用户有安全感、让用户觉得自己的隐私得到了保护，用户才会放心地花更多的时间使用各种互联网新技术和新产品；只有这样互联网才能繁荣。这也是我们一直做免费安全的一个哲学。

## 人工智能：360 未来主推的方向

2016 年 3 月，在阿尔法狗[①]以 4∶1 的比分战胜李世石后，我给所有的 360 员工写了一封信。在信中，我告诉大家，360 是一家科技公司，公司未来的主要业务也一定是围绕着科技展开的。过去几年，我们看到很多科技公司都做起了送外卖、卖电影票的生意，但 360 不会随波逐流。

之所以在这个时间节点写这封信，是因为阿尔法狗与李世石的对决非常引人注目，包括所有的 360 员工都在关注。这就说明，人工智能的热度绝不亚于外卖、O2O（线上到线下）这些行业。我坚定地相信，未来的世界一定是基于人工智能和大数据的，并且智能设备也不仅仅局限于手机，而会呈现多样化的形态。

所以，我对 360 的战略规划就是全线硬件产品向人工智能看齐，从图像识别技术和大数据技术两个方向深度拓展。目前，我们已经在中国和美

① 阿尔法狗是对阿尔法围棋（AlphaGo）的昵称。——编者注

国成立了相应的技术研发团队，并且还相继进行了一系列并购。总的来说，360 在人工智能领域的整体规划可分为以下 4 个层次：

（1）最基本的硬件层面，研发、升级可以在云上、端上进行深度学习的专用芯片；

（2）面向大规模深度学习、训练的多机多卡软硬件平台，以及基于深度学习的各种人工智能的前沿算法；

（3）基于人工智能的各种智能硬件产品；

（4）在人工智能或者深度学习的基础上，使智能硬件具备自主学习能力。

作为 360 未来主推的大方向，我对人工智能的设想是无论在硬件还是软件方面，都将拥有自主学习功能。阿尔法狗赢了之后，我非常兴奋，我兴奋的不是人工智能在围棋上战胜了人类，而是它为我们所有人做了一次非常好的概念普及，让我们真实地感受到人工智能领域的成果。

但是，我所理解的人工智能并不会像阿尔法狗那样只表现在下围棋方面，也不会像好莱坞电影中那样可以威胁人类安全。人工智能就像工业革命之后所带来的新技术那样，为我们的生产、生活带来极大的便利。

360 曾经向市场推出了一系列智能硬件产品，比如 360 智能摄像机，它背后融合了图像识别技术和大数据技术，并且这些技术每天都在进步。现在，它已经可以智能侦测移动的物体，如果家里没人，门窗被打开了，它就可以发出警报。

虽然目前看来，360 智能摄像机还仅仅是一个小产品，功能也有限，但它只是一个开始。我的期望是在不远的将来，它能够根据面容区分出家人和陌生人，能够识别出你的表情是高兴还是悲伤，甚至还能在家里四处巡视，检查家里是否有漏水、漏气、漏电等异常情况。当发展到那个时候，它就是一个具备深度学习能力的智能家庭机器人了。

为了加速达成这一愿景，360 人工智能研究院院长颜水成正在带领团队研发新技术，并且做了以下布局。

### 1. 建立软硬件训练平台：360net

DeepMind公司曾经推出过DQN项目（deep-q-network），它是基于深度强化学习的游戏平台。我们从中受到了很多启发，并成功建立了一个基于软硬件的训练平台——360net。之所以构建训练平台，是由深度学习的本质决定的：要训练一个系统，大量的训练数据固然重要，同时快速的响应时间也必不可少。

360net支持多机多卡，可以用 100 张卡或者几百张卡连在一起对深度学习进行训练，同时它还具有高度的兼容性和可扩展性，这意味着将来我们还可以吸纳其他的深度学习模块，来减少开发所需要的时间。对我们的人工智能业务而言，360net是至关重要的根基。

### 2. 稳定、低功耗的人脸分析系统

360的人脸分析系统已经被应用到360手机、儿童手表、行车记录仪上。此外，线上搜索也在一步步配置人脸分析技术。人脸分析系统可以对性别、年龄、表情等进行分析，当下直播行业的火热，让这套系统的前景非常可观。

众所周知，在人脸分析过程中，准确定位人脸上的关键点是验证技术的一个标准，我们已经把这套技术应用到了360的产品当中。未来，360还将进一步提升人脸分析的准确度，这一切的基础就是大量图像数据的积累。

### 3. 车辆环境感知

我们曾经招募了一个计算机视觉团队，他们来到360之后，主要负责车辆环境感知方面的研究，主要是物体的分类、检测和分割。这是360对无人驾驶汽车的布局，通过技术实现车辆和行人之间的精确定位，可以更好地辅助驾驶。

试想一下，在城市环境中，汽车可以自动进行车道线的检测，同时预计出距离红绿灯以及交通摄像头的距离，保证汽车的安全。而在检测出可行驶区域之后，就可以准确地预测道路车辆可移动的轨迹和范围，这对于车的路线预判和选择有巨大的价值。

当然，我对人工智能的设想建立在泛安全的基础之上。这里所说的泛安全指两个方面：传统的线上安全和线下安全。线上安全处理的主要是大

数据方面，线下安全则是人与智能硬件的交互。我们把信息传递给智能硬件之后，智能硬件要能理解我们的意图，同时要把它的信息反馈回来。

安全是基础，只有在安全的基础上，我们才有可能考虑舒适、便捷的人工智能式生活。所以，360首先还是要利用IOT技术解决人们的家居安全和出行安全。对于做安全起家的360来说，人工智能是一个更适合我们的方向。

当手机行业热潮来临的时候，我们视而不见；当O2O模式大行其道的时候，我们依然不为所动。但是，当人工智能的概念进入我视线的那一刻，我的第一个想法就是要抓住人工智能这波浪潮，并为之肝脑涂地，在所不惜。

## 人工智能的发展是一场“持久战”

这些年，互联网行业的飞速发展让所有人都目瞪口呆，“快”已经成为互联网最鲜明的标签。但是对于人工智能的发展，我觉得并没有大家预期中的那么快，消费级机器人在短期内不可能成为爆发的产业。

库兹韦尔是我非常推崇的一位作家，他曾在《奇点临近》这本书中，预言了人工智能将在2050年前后实现空前发展，这更加印证了我一直以来的观点——人工智能行业是一条明日之路。经常混迹于创投圈，我看到了太多爆发式增长起来的企业，公司刚成立一两年，就获得了巨额融资，然后向全国扩张。甚至这样的发展模式成为很多年轻创业者的榜样，以至于现在大家都变得异常浮躁。

现在大家经常说的一个概念就是“独角兽”，即指那些估值超过10亿美元的公司，并且把这当作自己的目标，对于自己是否成为“独角兽”看得十分重要。我觉得没有必要如此要求自己，每年我都会利用假期去一趟美国，去硅谷。硅谷是全世界创新最好的地区之一，但是美国人已经不太讲“独角兽”的概念了，它反倒在中国被无限放大。

最开始，能成为“独角兽”的公司一般都做出了特别酷的事，在资本市场获得了高估值。注意，这个高估值源于公司做了很酷的事，它是一个结果。而现在，已经没有人关心你的公司是做什么的了，不管你是送外卖也好，上门洗衣服也罢，只要你把市场估值弄好了，大家都觉得你挺酷的。这种唯体量、唯规模、唯收入的评判是扭曲的，大家已经忘了最重要的东西，那就是对产业有什么价值。

这些年来，我经常去美国，目的就是在技术和产品的创新上进行充电，和美国的一些VC（风险投资）聊一聊，和一些做人工智能的教授交谈，也会看一些美国的创业公司。这个过程真的让我受益匪浅，那里有最前沿的科技、最新潮的思想。当你投入这种环境后，就会发现创新的乐趣比把公司做到10亿美元估值更有意思。

当我回国后再看一下国内的公司，发现与美国是两种境况。就拿智能硬件来说吧，美国智能硬件公司的发展普遍比中国智能硬件公司好。在国内，智能硬件领域的很多创业公司都遇到了困难，所以出现了很多唱衰IOT、万物互联和智能硬件的人。我感觉非常无奈，这不就是我们的惯性思维吗？“以成败论英雄”，更何况我还没有败呢。

如果回顾一下手机的发展，你或许就能看得更透彻。iPhone到现在差不多有10年的历史了，2007年推出苹果一代，现在2016年已经过去一半，最新一代产品马上又要上市了。在iPhone之前，智能手机行业的探索差不多有七八年。所以我说，智能手机行业经过20年的发展才走到今天，准确地说，是最近这5年的火爆市场。而IOT概念的提出，到现在也仅仅才三四年，智能硬件没有到爆点也是正常现象，我认为它仍然处在一条正确的路上。

但需要注意的是，因为智能硬件和互联网有很多结合点，导致有些做智能硬件的企业过于强调互联网化服务，而背离了硬件的本质。就是说，你做一个智能硬件，仅仅是用它加上互联网的附加值，但从本质上说，它还是一个供用户使用的硬件设备。我觉得类似“卖出200万个体重计，从中得出每个人、每天测体重的时间和体重数据，然后宣称掌握了大数据，进而步入健康管理”的事情，非常荒唐。很多硬件并不像手机那样完全是以手机应用内容为驱动的设备，因而失败也是合乎情理的。包括我们自己也做了不少失败的产品，我总结的原因就是产品本身没有需求。

真正的智能硬件，一定是要能与人工智能的服务结合到一起的产品，否则无法称之为智能硬件。在这个问题上，我也曾犯过糊涂。因为360是靠免费做起来的，我一贯以来推崇的都是免费策略，然而把这套思路再用到硬件上就出现了问题。甚至我原来也鼓吹过硬件免费，但是现在我发现不对劲：硬件的产业价值规律和软件并不相同。

我之前做软件，即使软件没做好，也没关系，不过就是费了点儿人力，如果实在没人下载，那么我们就不要了。而硬件呢，你要是想把硬件重新修改，开模至少要3个月，最后历尽千辛万苦做好了产品，一旦卖不出去、存在库里，钱就全赔进去了。另外，做软件积累100万个用户和做硬件卖出100万个产品也是完全不同的两种感觉，后者对于你的物流、仓储、供应链等的挑战是非常巨大的。

智能硬件还得依靠卖产品挣钱。最近一次我去美国发现，“自动驾驶”的概念非常热，不夸张地说，做一辆汽车的难度比做手机至少高出3个数量级，零件的数目是一个原因，更重要的是它对于安全的要求更高。试想一下，如果辛辛苦苦做出了这样一款车，你会选择低价出售汽车来获得用户，然后通过车里的互联网服务增值吗？我觉得这非常不现实。

很多公司在做硬件的时候，可能思维有些固化，按照互联网公司的游戏规律来确定商业模式、做设计，因此才出现如今智能硬件行业里的窘境。我觉得智能硬件行业应该冷静下来，不要因为遇到困难、有人唱衰就放弃，也不要浮躁、急功近利，急着快速获得用户、快速建立大数据服务。重心还是要放在给你的用户提供真正有价值的服务上。

对于人工智能和智能硬件的前景，我非常看好，硬件赚钱也是非常合理的，理由有以下3个：

（1）你的硬件如果能够给用户提供更优质的服务，理所应当要从硬件赚到钱。如果所有人都觉得做硬件不赚钱，大家都去做软件，那么硬件就会变得越来越差。

（2）消费升级。这是一个必然趋势，未来会有更多的人为了更好的产品体验支付更高的价钱。

（3）未来，产品功能的细分会更加丰富，这会为智能硬件行业带来更多的可能。

我相信人工智能产业的发展是一场“持久战”，并且我们会取得胜利。我也要奉劝做智能硬件的创客们，忘掉资本的喧嚣，不要急功近利，伟大的事情不会是一蹴而就的。我们需要足够的时间，来为世界开启人工智能时代。

## 人工智能生态格局

人类社会经历过的PC互联网时代、移动互联网时代，以及现在所处的智能硬件时代，技术发展和商业模式创新之间始终是相辅相成的关系。每当科技发展的红利被商业模式创新挖掘殆尽后，经济也随之步入寒冬，直到下一轮技术革命的出现，商业模式创新才能重新迸发生机。

在移动互联网时代，万物互联所产生的数据达到了惊人的量级，与此同时，以手机触屏为代表的传统交互方式已经在用户眼中形成审美疲劳。所以，我们看到现在的商业模式创新已经略显乏力。

现阶段移动互联网的商业模式创新已经挖光了Web 2.0时代的技术红利，所有人都在寻找新技术，以期获得新的商业模式创新。人工智能技术无疑就是下一轮技术革命的焦点，假如未来的某一天，我们在这方面有了突破，那么新的商业模式也将涌现出来，带来一个甚至多个万亿级市场。

如今，我们已经迎来人工智能发展的拐点。自2014年智能硬件的元年开启以来，它的发展速度令人瞠目结舌。但是，由于我们设想的终极人工智能的复杂程度太高，它绝不是一朝一夕就可以实现的，必须经历一个由点到面、由专用领域到通用领域的过程，并且这将会是一个漫长的过程。

在未来10年，人工智能的主要发展依然局限于专用领域内的定向智能化，只有人脑芯片等硬件架构取得新进展、运算能力极大提高，专用智能才有可能进化成为通用智能。

在我看来，未来通用人工智能生态圈的格局会是下面将要介绍的样子。

### 1. 人脑芯片

2014年8月，IBM公司推出了一款名为TrueNorth的大脑原型芯片，TrueNorth主要被用于计算机专业学习领域。TrueNorth芯片集成了100万个神经元和2.56亿个突触，这相当于一只蜜蜂的大脑，而正常人的大脑大约包含1000亿个神经元和无法统计数量的突触。虽然TrueNorth与人脑还有非常大的距离，但是它已经可以用人脑的思维模式去探测和识别。比如TrueNorth根据探测到的字母，识别出单词和语句。

### 2. 量子计算

普通计算机存储数据的方法是根据晶体管电路的状态，而量子计算则是根据粒子的量子状态，使用量子算法来进行数据操作。通过量子计算，可以大幅提升并行计算速度。不过遗憾的是，这方面还没有出现研究成果，谷歌曾经在2014年开始研制量子级计算机处理器，他们希望为机器人提供一个可以像人一样思考的大脑。

### 3. 仿生计算机

仿生计算机可以解决构建大规模人工神经网络的问题。普通的CPU（中央处理器）、GPU（图形处理器）处理神经网络的效率很低，并且在占地、散热和耗电等方面都存在问题。专门的神经网络处理器可以很好地解决这些问题。在国内，陈云霁团队研发的寒武纪神经网络计算机依据仿生学原理，相比于主流GPU，取得了21倍的性能和300倍的性能功耗比提升。

人工智能若想真的具备人脑的思维，除了有智商，还要有情商。目前，具备情感社交能力的机器人已经被成功研发。在北京诞生的“公子小白”就是这样一个机器人，它拥有情感表达系统，可以识别人类的表情，并传递自己的情绪。

在图像、声音和面部识别系统变得越来越精准后，计算机也拥有了探察人的情感状态的能力，包括喜、怒、哀、乐、爱、恨、贪、痴等，并做出适当的反应。那么很多人会有这样的疑问：机器人能否拥有像一个正常人那样独立思考的能力？

关于这个问题，我曾经与著名的互联网预言家、《连线》杂志前主编凯文·凯利有过一次交谈。在凯文的思想里，未来的人工智能会产生自己的意识，这会为我们完全掌控它带来一定的困难，但不会形成毁灭人类的威胁。绝大多数的人工智能都只会是工业人工智能服务型电器。

虽然人工智能不会消灭人类，但是由于它无限地接近人类，必然会在很多工作岗位上取代人类，从而导致很多人因此失业。人工智能的发展会让那些从事简单、机械化工作的人很难获得工作机会，莱斯大学计算机工程教授摩西·瓦迪甚至认为，30 年以后，计算机可以从事人类的所有工作，造成超过 50% 的失业率。

我对此并不感到担忧，不是因为人工智能不会抢走我的饭碗，或者到那时我已经退休，我认为强大的人工智能代替人类工作是一件好事，是社会的进步，它们会产生远超过人类工作的商业价值，从而养活所有人。我需要担心的则是人工智能完全取代人类工作后，怎样让我们依然保持学习的心态，而不是丧失斗志，每天无所事事。

虽然这还是很遥远的事情，但还是有必要考虑周全。再说一下眼下的忧虑。全球互联网领域的巨头，如谷歌、微软、苹果和脸谱网，都在人工智能领域不断加大研发力度，而国内的企业好像都在忙着做 O2O、做与生活服务相关的业务。如果长此以往，国内外人工智能技术的差距会被拉得越来越大。除了我们之外，国内进行人工智能领域研究的公司只有讯飞、百度等几家。一个非常乐观的现实是国内人工智能的进展还是比较快的，我们并没有落后太多，甚至在某些方面还引领世界。

360 在人工智能、机器学习方面进行了很多投入，并且有多个团队在为之努力。我们希望做出来的智能硬件可以真正地与云端的图形图像、视觉处理、自然语言的处理结合在一起，使它更具有市场竞争力和技术壁垒，这才是 360 的未来。

## 我眼中的大数据：未来科技的灵魂

大数据概念最火的时间是2011—2014年，后来它的风头被人工智能和虚拟现实盖过。那么，2016年之后，大数据还算不算个“东西”呢？我觉得有必要谈一下。

大数据已经不太可能成为曾经那个世人瞩目的炒作题材了，凡是火了一段时间之后仍然能够引起大众兴趣的产品或服务，通常都可以被大家接触和感知到，像移动应用、可穿戴智能设备、社交网络等。大数据更像是管道设施，虽然重要，但无法被大家看到。大数据的核心是企业技术：数据收集、存储、分析等，这些都是在后端发生的，只有技术人员可以看见。

大数据概念的盛行，主要是受到了一些主流互联网公司的推动，比如谷歌和脸谱网，它们自己本身就是大数据技术的重度用户，同时也在推动这项技术的发展。后来随着开源运动的迅速发展，促使大数据领域的新技术共享到更广的范围，这为互联网大公司的工程师离职去做大数据相关的创业提供了有利条件。

随着一些崭露头角的“独角兽”公司，以及更多胸怀大志、运营良好的中等规模的公司也开始面临大数据技术需求，由于它们自身不具备大数据的基础设施，所以自然就成为大数据企业的第一批客户。大数据行业初期的成功引发了更多的创业活动，也带来了资本的进入，大数据因此顺势而起。

这样发展了一段时间之后，大数据领域也随之出现了更加棘手的问题，就是让跨国公司级别的企业采用大数据技术。为什么说它棘手呢？因为这些公司基本上不是“数字原生”的公司，它们也不具备有利条件。这些公司现有的技术基础设施都是成熟的，在传统的模式下不会犯错，但它们未必是功能完备的。

我们知道，一个规模庞大的企业的管理人员都具备前瞻性，他们都认为对自己企业遗留的基础设施进行现代化改造越早越好，但出于谨慎，他们不会一夜之间就把自己的关键环节弃而远之。大企业之所以会如此谨慎有两方面原因：一是大数据公司普遍为初创企业，大企业对由年轻的公司来处理自己的基础设施难免感到不放心；二是大企业对于安全的担忧，大多数企业都会拒绝把数据迁移到云端。

从大数据行业的内部来看，大数据的成功不是由实现技术的某一方面而实现的，它需要把技术、人和流程糅合到一起，收集数据、存储数据、清洗数据、查询数据、分析数据和对数据进行可视化等工作是有分工的。

有的由机器来完成，有的需要人来做，但是整体是要无缝集成起来的，也就是说，以数据为中心，公司整体以数据为驱动。

对于大数据的发展，我把它分为下面5个阶段。

### 1. 部署阶段

2011—2013年，互联网公司开始实验大数据技术，推出了若干的Hadoop（一个开发和处理大规模数据的软件平台）试点计划或者尝试了一些试点方案，由此出现了诸如“数据科学家”和“首席数据官”等此前并不存在的职位。他们做了很多努力，但是依然没有出现足够多的、可以展示的成果。此时，更多的公司对大数据技术持观望态度，它们寄希望于某个大型供应商可以提供一个一站式解决方案，比如IBM公司，但这种情况并没有出现。

### 2. 生态体系正在成熟

当一部分大数据企业完成了融资，企业规模得到了扩大时，更重要的是它们从早期的失败中获得了宝贵的经验，已经可以提供成熟、经受过考验的产品。其中的佼佼者已经成功上市，比如2015年上市的Hortonworks公司；没上市的也已经获得上亿美元融资，在资金方面看起来不会显得那么单薄，比如Cloudera公司。

随着大数据领域的创业持续进行，公司的数量与日俱增。行业的基本趋势也慢慢发生了变化，大数据业务的中心从基础设施（开发者和工程师）转移到了数据分析（数据科学家和分析师），甚至在应用方面也已经初露端倪。

### 3. 大数据基础设施持续创新

尽管大数据的重心已经转移，但是基础设施领域的创新仍然富有活力。2015年，Apache Spark大热，这个利用了内存处理的开源框架受到了IBM、Cloudera等企业的拥护。Apache Spark 的出现解决了一些导致Hadoop采用放缓的关键问题：Apache Spark数据分析更快，更容易编程，并且跟机器学习能够很好地搭配。

在数据库领域内，出现了很多新兴玩家，也出现了很多令人兴奋的技术进步，比如图形数据库的成熟、专门数据库的出现，再比如统计时序数据库InfluxDB。此外，数据仓库也在不断演变。

### 4. 大数据分析与人工智能结合

大数据分析越来越关注利用人工智能来帮助分析大规模的数据。其实，有很大一部分人工智能在某种程度上来说是大数据的产物，深度学习概念在10年前提出，而其背后的算法在几十年前就诞生了，但它真正发挥出最大的潜能还是在应用到大数据之后。人工智能与大数据之间的关系非常紧密，它们似乎就是天生的一对搭档。

### 5. 大数据应用的加速发展

在大数据核心基础设施的挑战一一得到解决之后，大数据应用必将以飞快的速度构建起来。在企业内部，已经有足够多的工具来帮助跨多个核心职能的企业用户，比如销售和营销的大数据应用通过处理大规模的内外部数据就可以分析出哪些客户会购买、续约或者流失，并且这些分析结果都将实时得出。

这些大数据应用依托在最新的大数据技术基础上开发，客户无须部署底层大数据技术，即可利用大数据；而底层的技术已经是打包的，这是未来的一个趋势。另外，人工智能在应用层也将得到广泛应用，比如在安全领域用来对付黑客。

然而，随着大数据的深度发展，这个词可能会变得越来越冷。不是因为它过时或者不重要了，而是因为它将成为未来科技的血液，在我们看不到的地方发挥作用。对于技术层面的东西，这或许就是最好的命运归宿。

# 大数据技术助力人工智能发展

“人工智能”概念的提出时间，最早可以追溯到1956年。在长达60年的发展历程中，出现过人工神经网络、机器学习、知识表现、智能搜索、模糊逻辑等实现人工智能的方法。然而限于技术的制约，真正的人工智能还仅仅停留在人们的幻想之中，现实中的人工智能基本上停留在微创新阶段，鲜有大的突破。

如今，人工智能的发展速度和热度都达到了历史顶峰，这背后最大的动力来源就是大数据技术的成熟。比如机器学习，它是这样一个过程：从数据中自动分析并获得规律，从而对未知数据进行预测。目前这一技术被广泛应用在互联网搜索、垃圾邮件过滤、机器翻译、在线广告、手写识别等方面。

各类大型网站每天可以积累大量的用户数据，包括商品交易、搜索、社交等，企业利用大数据技术可以对数量巨大、种类繁多、价值密度极低、变化迅速的数据进行有效且低成本地存取、检索、分类和统计。在大数据技术的推动下，智能化可以更好地对纷杂的场景做出精确反应，使人工智能更具有想象空间。

我认为，在2020年之前，国内将有200亿台设备连接到互联网，直接的结果就是产生更多的数据，那时候会是真正的大数据时代。当然，这200亿台设备不只是手机和计算机，那时手机的保有量大约在15亿部，大约平均每人1.5部，计算机估计会有6亿台，而更多的联网设备是“物”，即你家里的家具、家电，你戴的眼镜、手表等，都可能成为联网设备，内置一个智能系统，通过4G或Wi–Fi与互联网相连。这些设备会产生巨量数据，到时候我们生活中所有的数据都会被传送到云端。

不过，在企业利用这些数据的时候，我觉得还是有一些需要特别注意的地方，企业应该平衡好大数据利用与用户隐私之间的关系。另外，保护好用户的信息也是企业义不容辞的责任。我认为，用户信息的保护应该遵循前文提到的“用户信息安全三原则”。

对于大数据的未来，我是非常看好的，我也主张得大数据者得天下。我们已经看到，目前中国互联网行业里的创业形势已经非常严峻，现在被证明可行的市场基本上都存在至少一个巨头。你若想跟小米比拼手机或者再打造一个即时通信产品，是根本没有任何机会的。你要想进入其他细分领域，要么会被巨头咬死，要么会被吃掉。

但这依然是一个令人激动的创业时代，我们把目光放得长远一些，站在现在看未来，不要现在流行什么就做什么。尽管大数据技术是刚刚启动的项目，它爆发起来可能需要三五年甚至10年以上，但我认为这才是很多创新创业公司的机会。

我一直宣扬大数据的潜力是无限的，但这并不是说大数据就是可以直接使用的“石油”。实际上，它只是含金量非常低的“矿石”，这要求大家必须掌握正确的提炼方法才能有所收获，否则也只能是竹篮打水一场空。

从人工智能发展的趋势来看，已经出现了两个分支：一个是无规则，计算机读取大量数据，依靠统计、概率分析等方法进行处理所实现的人工智能；另一个是基于神经元网络的深度学习，使人工智能的能力不断提高。

在人工智能长达60年的发展历程中，也曾出现过几波发展高潮，只不过在计算能力和数据的制约之下而走入低谷。现在，我们已经可以看到支撑人工智能走入下一个阶段的基础：深度学习、计算能力和大数据技术。深度学习与大数据的结合，可以不断提升新的人工智能算法。大数据推动着人工智能在深度学习领域实现突破，图像识别和语音识别的准确度在以大数据为基础的深度学习中不断提高。

大数据有两方面战略意义：一是企业可以掌握庞大的数据信息；二是大数据还可以与产业结合，深度发挥数据的价值，实现数据的“增值”。在资源整合和产业链拓展的双重作用下，大数据应用在多个行业有了用武之地，除了智能制造，智慧出行、智慧医疗、互联网金融等行业在大数据技术的助力下都取得了良好进展。

其中，智能制造产业备受瞩目。工业的转型升级在全世界范围内都被作为经济发展的焦点，美国大张旗鼓地要“制造业回归”，德国提出“工业4.0”战略，中国布局“中国制造2025”战略，这些战略都积极围绕着工业转型升级。大数据是制造业智能化的基础，有了数据才有灵魂，才能智能化。企业通过收集、分析、共享数据，才能以更快的速度、更高的效率和更敏锐的洞察力，真正实现智能产品、智能生产、智能服务。

在资本市场，大数据也是很受欢迎的新势力，尤其是在进入2016年之后，大数据融资事件呈井喷式爆发。以我自己的观察来看，2015年7月~2016年3月，大数据行业的融资事件高达37起，但这还不是最活跃的；2016年4月仅一个月就发生了21起融资事件，这意味着大数据产业已经步入高速增长的时代。

大数据与人工智能的完美结合令所有人都为之期待，或许在未来的某个时间，大数据可以对人类世界进行真实还原，并且满足我们所有智能化生活的需求。现在我们用数据来决策一些事情，未来它将直接抵达我们想要做的事情，让超级人工智能触手可得。

第二章

# IOT与智能化

IOT现在一般译为“物联网”，我称之为万物互联。我们可以想象一下，未来，我们看到的任何物件、设备，大到汽车、飞机，小到手表、眼镜，包括家里的电器，所有东西都会变成一台智能设备、都能联网。那么可以肯定的是，今天移动互联网时代的节点数和未来IOT时代的节点数，将完全不是一个数量级。

## 所有IOT都是手机

现在，很多人直接将IOT定义等同于物联网，这一点我不完全赞同。大约在10年前，就已经有人炒物联网的概念。那时，物联网被描述成一种传感器网络，我觉得这不足以代表IOT的颠覆性和创造力。

在我看来，IOT是把大到车床、集装箱、汽车、远洋货轮、飞机等，小到手表、眼镜、衣服、项链、腰带，还有家里的灯泡、开关、冰箱、彩电等，所有的硬件都智能化。换句话说，这些硬件里都会植入一个智能系统。这个智能系统里面自然包括了传感器，虽然传感器是非常重要的基础，但IOT绝不仅仅是传感器。

有了这个智能系统，这些大大小小的硬件都可以变成智能手机；不同的是，它的外形并不都是手机的样子。比如，智能汽车是四个轮子的手机，智能眼镜是带着两个镜片的手机，智能手表是手表外形的手机……因为任何硬件里面都可能有类似手机的芯片、操作系统，支持3G、4G、5G和Wi–Fi。

所以，汽车制造企业特斯拉最牛的地方其实不是电池，而是智能化——将来的智能汽车不一定由电池驱动，也有以内燃机、油电混合为动力的。这些都不重要，重要的是，未来智能汽车更像一部有四个轮子的手机。所以，要想真正实现IOT，智能化是第一步。

移动互联网时代，真正的大数据开始出现：第一，手机的使用频率空前高涨，除了睡觉，手机几乎每时每刻都跟我们在一起；第二，智能手机内部增加了很多传感器，即便不主动输入，你每天的行为最终也会以数据的形式被展示出来，更何况每天你大部分的行为都在手机上被记录。

一旦进入IOT时代，我们身边的智能设备将会增加几十倍，也就是说，未来会有几十个类似智能手机一样的智能设备记录我们的工作和生活，记录我们每天24小时的所有行为轨迹。比如，现在就有很多人戴运动手环，可能你睡觉的时候翻个身，它也会记录这个动作并且将数据上传。

同时，因为数据十分庞大，所以IOT还有一个很大的特点，就是当这些大数据汇聚到云端后，利用深度学习和机器学习的算法，我们能够发现这些数据背后的一些规律，并由此建立一些识别模式。比如，人脸识别、声音识别，或者一些暴恐录像的视频识别等，这些看似是机器有了智慧，但实际严格来说，这并不是真正的人工智能，而是一种算法在起作用。

从整个历史来看，这些IOT设备实际上是第一次对这个社会、对这个社会的每一个人进行全方位的数据记录，然后上传到云端。所以，由此产生的数据量会是今天的数百或数千倍。这就会给网络安全带来巨大的挑战和威胁，当然也会带来巨大的机会。

从国内来讲，IOT对我们的制造业同样具有非常大的战略意义。如今，制造业的很多公司都希望腾笼换鸟、升级转型，但生产产品多年，却在转型升级的具体实现路径上毫无头绪。而IOT技术，可以把产品从一个物理设备变成一个智能化的终端，并且可以连接其他互联网设备，最终把整个世界变成一个可以感知的世界。这或许正是传统制造企业的机会。

# 我的IOT产品观

我开始做硬件之后，很多人不理解，并向我表示疑问。其实我之所以做硬件，主要有以下几个考虑。

## 1. 移动互联网带来的新机遇

如今的互联网已经走过了第一个阶段，开始进入第二个阶段。第一个阶段就是传统的PC互联网时代。这个时代，互联网最重要的一个价值就是改变了原有的信息传播方式，颠覆了传统媒体，成为“信息高速公路”，成为“新媒体”。但这个时候的互联网对世界的影响相对有限。

第二个阶段就是移动互联网时代，或者叫手机互联网时代，因为手机真正把人与人连接起来。这个阶段，互联网对整个世界的改变非常大，我们有了微信和微博，以及今天被移动互联网改变了的世界。

而未来，移动互联网也会继续向前，进入一个新的发展阶段。在这个发展阶段，可能会出现两个分支：一个是O2O，因为互联网会改变很多行业之间的连接关系，因此很多行业也就因此会被互联网改造；另一个就是我经常讲的IOT，万物互联时代，很多东西都会变成智能硬件，互联网连接的东西会比手机、PC多几十倍甚至上百倍，会产生真正的大数据，因为所有的设备、智能传感器都在不间断地每天24小时工作。

这对中国的制造业、世界的制造业都是一个巨大的机会，甚至包括重新发明轮子，而这对我进入硬件领域同样是一个机会。

## 2. 软硬结合的互联网趋势下的必然选择

我认为未来的互联网一定是软硬结合的互联网。换句话说，纯粹的概念性、不依附于硬件的互联网以后可能会慢慢消失。

今天，手机是最重要的移动设备，但未来，我认为很多原来需要计算机和手机做的事情会被很多新的硬件分担。比如未来手机的功能会有一部分挪到手表上，也可能会有一部分功能挪到眼镜上，当然也可能挪到其他任何新的东西上。

> 今天我们想象在家里安装一个智能灯泡，然后拿手机当遥控器，但这可能很快就会变成一个特别传统、愚蠢的想法。有了智能灯泡以后，很可能当我们觉得灯光太亮、应该暗一点才合适时，它就会自动调节，根本不需要把手机当遥控器。

所以，很多时候我觉得IOT设备不是依赖手机来做遥控，而是会分化甚至取代手机的部分功能。很多IOT设备的普及和推广，实际上跟手机是平行关系而不是从属关系。在苹果推出大屏幕手机之前，手机行业从业者都认为手机必然有键盘、手机屏幕必然不会这么大，但是今天很多人手里都有大屏幕手机。所以，我相信随着电池技术、交互技术的发展，5年以后（很有可能真的只需要5年）到处都是看不见或者看得见的屏幕。很可能你的眼镜就是屏幕，开会的时候，再也不用低头看手机，只要两只眼睛看着前方，就可以通过眼镜看视频。

所以，我一定要做硬件，因为在未来，硬件必将成为我们接触这个世界的连接器。有了它们，我们才能将自己真正地和它们背后所有的智能设备连接在一起。

很多人觉得我是突然才想做手机的，或者认为我之前做手机没有成功，现在想接着做。但实际上，这些都不是我做硬件的逻辑。如果大家对我、对奇虎360有所了解，那么就会知道，其实我们这几年一年在坚持做互联网硬件。此外，IOT给我提供了一个机会，很多智能硬件本质上就是手机，而IOT本质上就是很多个“手机”连接在一起。这是我选择做硬件、做手机的一个原因。

当然，我这样说并不意味软件就不重要了。事实上，软件是灵魂，硬件是肉身，两者必须结合好，才能真正达到软硬结合的状态。否则，没有灵魂，产品就是行尸走肉；没有好的、健美的身体，灵魂也不太容易被人感知。

所以，在未来，软件也同样不容忽视。以手机行业为例，我们现在看很多企业，比如华为、魅族等，它们基本上还把全部注意力都集中在硬件上，只有小米非常重视软件。所以到目前为止，小米要比其他各家都要做得好一些。

### 3. 产品改变世界，做有意义的事情

我坚信，产品改变世界。好多事，我以前做不了，但随着时代和自身的发展，我发现可以做了。比如，我们原本是一家互联网安全公司，在虚拟空间内，我们保护用户计算机的安全，保护用户手机的安全，但我觉得仅仅这样还不够，因为在物理世界中，我们每天都会看到各种各样的不安全事件。

原来微博打拐的时候，每天都会看到小孩被诱拐或者被伤害的事件。我们看到这种新闻，首先想到的就是自己孩子的安全问题。为了解决用户的这个烦恼，我们做了儿童手表。这其实也是一部手机，但我们把它做得很小，也拿掉了一些功能，降低了辐射，然后戴在孩子的手腕上。这样父母就可以随时对孩子进行定位，知道孩子在哪里。

后来我们发现，在这个手表的基础上可以实现一键报警，还发现其实应该把它变成一个连接器，两端分别连接父母和孩子。所以，我

们对360儿童卫士智能手表最新版做了一些改进，小朋友可以直接用这块手表打电话。

有人可能会想，既然需要用手表打电话，那我们为什么不直接给孩子提供一部手机呢？原因很简单，我们觉得10岁以下的小孩其实是不适合用手机的：一方面，携带、操控都不方便；另一方面，手机也可能会变成游戏机，这就有违我们的初衷了。

但现在不一样了，我们直接在手表上添加了麦克风，就像免提一样，孩子有事可以直接和父母对话。并且，里面也存了爸爸、妈妈的号码，孩子轻轻一按就可以直接拨出去，这个功能很方便。并且父母的手机号码都是预存好的，别人也打不了这个号码，也就避免了骚扰等问题。

正常智能手表都必须和手机协作、绑定才能使用，否则除了看时间，基本就是个摆设。但360儿童卫士智能手表比其他智能手表复杂得多，我们的设想是，虽然它是手表的外形，但在功能上却是一部独立的小手机。事实上，我们这个手表是按照手机进行CTA（中国质量检验联盟）认证的。孩子不用带手机，只戴一个手表就可以，同时又避免了真正手机对孩子的负面影响。

这个智能手表发布后，有很多朋友找到我，说能不能给父母也买一个。因为有些朋友的父母年纪大了，也有手机，但平时要么不开机，要么就是出门忘带了，打电话、发短信，可能都联系不上。所以他们希望能给父母也戴一个，这样手表响了，就可以直接联系他们了。其实，在我看来，这也未尝不是一个好办法。

未来，我们还会继续努力，360儿童卫士智能手表也会有几个不同的版本，来满足不同的使用场景。比如我们还会有一个秘密版，它的形状可能不像手表，外观也会很轻巧，这样小朋友就可以把它放在衣服口袋里、放在书包里，或者挂在脖子上，这样就相当于一个可穿戴设备，依旧会有定位、报警、通话等功能。

我曾经看过电影《失孤》，觉得这个片子很好，并且也跟我们这个手表一样，关注的都是儿童的安全问题。我曾经问过投资人王中军票房情况，他告诉我说，他不知道，因为他拍电影也不是每一部都冲着票房去的，有的时候必须考虑社会意义和社会价值。这跟我们奇虎360做儿童卫士智能手表如出一辙。手表上市之后，我们一直坚持按成本价销售，甚至很长一段时间内都是在赔钱，没有赚钱。但是我们所有人都知道，这件事会一直坚持下去，因为这本身就是一件有意义的事情。

与其说我们把手表变成了手机，不如说我们把手机变成了手表。我觉得这个想法非常酷，并且也非常有价值。

前面说过，我们在创新上之所以有所欠缺，一个原因就是我们的价值观太成功学。雷军能卖1亿多部手机，我个人觉得的确非常了不起。但我想，未来，即便我们不能卖到1亿只，哪怕只卖掉了1000万只，也可以保护中国1000万个家庭，给1000万个家庭的孩子和父母带来安全感，所以我们一直坚持在做。

这就是我的价值观，希望我们做的硬件能够真正帮用户解决问题，能保护每一个家庭。可能，我们做的IOT产品不是手机，不是今天社会认为的主流产品，但我想我们做的产品最终都是为了帮助别人解决问题。我觉得这就是做这件事最大的意义。

## 避开与巨头的正面交锋

IOT是未来的大势所趋，无论是创业者还是巨头，都已经对此达成共识。当然，达成共识其实也就意味着创业者必须要做好与巨头竞争的准备。从创业者的角度来看，小公司无论是资源积累，还是综合实力都与巨头存在一定的差距，所以能竞争过大企业的概率相对较小，但这也不等于完全没有机会。因此，面对巨头，我给创业者的建议是：

（1）做巨头在今天还看不懂、看不清的事，相反，如果巨头能够看得懂、看得清，那么它一定会重金投入，这样创业企业基本没有机会；

（2）你要想办法比巨头跑得更快；

（3）你要在做法上跟它完全反着来。

这里面其实就涉及一个问题——当面对巨头的时候，你是打侧翼战还是打正面战。正常来讲，在战争中，防守往往是最容易的，进攻往往是最难的。按照军事理论，进攻一方即便拥有五六倍于防守一方的力量，也不一定就会取得胜利。也就是说，如果巨头已经在市场上占据领先位置，那么这个时候正面战几乎没有胜算，毕竟除了先发优势之外，巨头比你更有钱、更有人，也就更有优势。

这种情况下，最明智的策略就是打侧翼战。所谓打侧翼，就是你出现在巨头想不到的地方，或者你出现在巨头排兵布阵很薄弱的地方，或者你出现在巨头不重视的地方。巨头虽然实力雄厚，但因为涉足的领域太多，因此常常会顾此失彼，这个“彼”可能就是我们进攻的机会。

在我看来，发展到今天，智能硬件还远远没有迎来风口期，大家基本都处于探索阶段，很多事情还不能看得太清，甚至连苹果的智能手表也没有像我们想象得那样火爆。而在国内，现在阿里巴巴、腾讯、百度也做了智能硬件，但说实话，还远不算成功。甚至可以说，到今天为止，从整个互联网领域来看，只有小米算是杀出来了，因为小米始终专注在硬件上。至于路由器到底会不会成为智能家居的入口，它又会在智能家居里扮演什么角色，现在也是众说纷纭、莫衷一是。

所以，正因为当下在国内还找不到一家做硬件做得特别成功的巨头企业，所以我现在进入这个领域，打算做一些属于未来的事情，我觉得这已经天然避开了跟巨头的正面交锋。

此外，要想和巨头竞争，必须知道，面对巨头，我们的优势只有两个。一个就是我们的速度比它快。以往我们说“快鱼吃慢鱼”，放到今天的互联网领域，我们叫“以快打慢”。要想做到这一点，就要求创业企业必须能够保持小企业的创业精神，快速学习、快速反应、快速决策、快速改变，抢一个时间差。

还有一个就是我们在聚焦方面比巨头强。小企业毕竟资源有限，所以往往会把有限的资源投放到一个点上，然后形成足够的压强。这就好比面对一头大象，如果用双手去推，那么你是推不动的；但如果你把所有的力量都集中在一个锥子上，然后用锥子去扎大象，那么你就有可能会扎痛它。

侧翼战、速度、聚焦，这就是我觉得在面对巨头时应该采用的一些竞争手段。很多人看到这三点，告诉我，这让他们首先联想到游击战。其实，在我看来，创业公司首先要学会的恰恰就是游击战，就是出奇制胜、打了就跑，然后再在短期内集中优势兵力，攻打敌人最薄弱的环节。对于小企业来说，这不仅是战术和策略，更是保命和生存的智慧。

## 利用人工智能做有价值的产品

从2016年3月9日开始，无论是奇虎360，还是业内其他做互联网的公司，抑或是很多普通百姓，大家几乎都被谷歌人工智能计算机阿尔法狗与韩国职业九段棋手李世石之间的“人机大战”吸引了目光。过程中虽各有胜负，但阿尔法狗还是以4：1的总比分最终战胜了李世石。

这个结果的确让人深思。上一次这种“人机大战”恐怕还得追溯到将近20年前。

> 1997年5月11日，国际象棋世界冠军卡斯帕罗夫在与一台名叫“深蓝”的IBM超级计算机，经过6局规则比赛的对抗后，最终拱手称臣。这位号称人类最聪明的人，在前5局2.5：2.5打平的情况下，

第六盘决胜局中，仅仅走了 19 步，就败给了“深蓝”。

20 年前的那场人机大战，给整个世界带来了信息基础设施建设的热潮、计算机的迅速普及以及互联网的爆发式增长。毫无疑问，这次阿尔法狗的胜利也将开启一个全新的时代——人工智能时代！其所展示出的计算机新思维模式，将会促进深度学习、增强学习、神经网络等技术的普及，而语音识别、图像识别等通用技术一定会与深度学习能力整合，加速融入各种创新产品。可以预见的是，人工智能产品在大众消费领域的普及只是一个时间问题。

而此前几年，中国的互联网公司纷纷进入送外卖、上门洗车、卖电影票等领域，认为这是最大的商业机会。但是，在这股浪潮中，奇虎 360 作为互联网科技企业耐住了寂寞，认定了IOT的战略方向，坚定地相信未来是基于大数据和人工智能的未来，坚定地相信智能设备将会呈现出多样化的特点——智能手机并不是它的终极表现形态。

正是因为有了这种对未来的判断和信念，奇虎 360 从人工智能的两个方向——一个是图像识别技术，一个是大数据技术——进行了战略规划，并分别在中国和美国成立了相应的技术研发团队。然后我们又基于这样的战略规划，相继进行了一系列的战略并购。奇虎 360 首席科学家、奇虎 360 人工智能研究院院长颜水成教授的团队也已经进行了相应的技术研发。除此之外，我们其他很多围绕人工智能的活动也都在同步进行中。

说回“人机大战”，我觉得它还有一个意义，就是为整个社会做了一次非常好的“人工智能”概念普及。但除此之外，我们也要知道，人工智能并不仅仅表现为下国际象棋、下围棋，人工智能也并不是像电影里所展示的那样，将会成为人类的威胁；相反，它就像工业革命之后的一切技术创新一样，会造福于人类。

在此之前，我们已经向市场推出了一系列智能硬件产品。但有的同事显然还没有意识到它们的真正意义，认为这些都只是小产品。我非常不认同这样的看法。就像今天阿尔法狗所展示出来的强大的自我学习能力，这些产品都将加速我们在智能机器人方面的发展。

当我们强调奇虎360要利用IOT技术解决人们的出行安全、家居安全，儿童和老人的安全时，我们不是在炒噱头，也不是在放空炮，而是一直在探索，一直在通过研发和收购踏踏实实地做产品。

我从来不认为奇虎360未来的使命就是把盒饭送到每个用户手里、把上门按摩的师傅送到用户家里，同样，卖电影票也不并不是我们的长项。我们是且始终是一家技术公司，我们的使命就是用科技产品为大众服务，让使用我们产品的人能够守护他们所爱的人。

所以，我们不谈论送盒饭、不谈论卖电影票，我们就是一门心思地向大洋彼岸那些巨头公司的创始人和工程师学习：学习他们的极客精神；

学习他们利用人工智能新技术生产对消费者有价值的产品；学习他们热衷于创造新奇的事物，热衷于解决人类面临的难题，而不是热衷于赚多少钱。

第三章

# 智能硬件方法论

做产品从某种角度来说就是做艺术品，但又不仅仅是做艺术品。因为艺术品可以给少数人看，实在不行还可以孤芳自赏，但是产品如果想要获得成功还需要获得商业上和大众的认可，还需要跟市场抗争，跟竞争对手竞争。

## 做产品的六字真言

对于很多传统企业来说，拥抱互联网直接等同于花钱买技术。它们对互联网的理解，也不外乎云计算、大数据、社交网络、移动终端等这些概念。但正所谓“功夫在诗外”，检验技术革新的唯一标准还是要看产品能否解决用户的问题，能否给用户带来价值以及用户是否埋单。这是真正赢得市场、促进销售的生产力，也是确立差异化竞争力和推动行业进步的力量。

我曾经看过一本书叫《产品经理方法论》，它提出的理念验证了我的想法，即做产品，必须落脚在“刚需”“痛点”“高频”这六个字上。什么意思？就是产品必须是用户的刚需，必须解决用户的痛点，而且必须是用户高频使用的。

### 1. 产品失败的原因

每年，市场上都会出现无数失败的产品，我觉得最主要的原因就是这些失败的产品没有找准用户的需求。企业最愚蠢的行为就是往一个根本不存在的市场里砸钱，用我经常说的话来讲，就是你看到的需求其实是一个"伪需求"。

现在各种智能硬件看起来高大上、摸起来很光滑，但是研发人员却忽略了一个重要前提，那就是用户根本不想买这个东西，因为他们没有这方面的需求。没有需求，解决的不是痛点，就是我说的伪需求。做产品最大的问题不是体验不好——体验不好可以改，而是找到的是伪需求。现在有很多智能硬件的发布会，我们稍稍观察就会发现，他们其实是跳过了用户需求的阶段，而直接假定用户热爱自己的产品，假定用户每天都会用，然后接下来只谈材质、外形和工艺。这其实就是本末倒置。

还有一些产品，或许用户有需求，但不是刚需；也就是说，没有它，用户也可以很好地生活。我管它叫"痒点"，而非痛点。任何伟大的战略都是从一个小点切入的。很多做产品的人总喜欢讲战略，其实做产品的战略就是找到用户的刚需和痛点，然后做一个产品解决它。至于解决得好还是非常好，这是体验的问题。

经过以上分析可以得出结论，很多企业产品失败的最大原因就是无法聚焦用户需求。倒推一下，我们可以发现，之所以无法聚焦用户需求，问题就出在没有解决不确定性问题；不确性的存在是因为缺乏信息；缺乏信息是因为你对所服务的市场知之甚少。所有这些不确定性最终都会转化为风险，风险会转化为成本，致使整个产品彻底失败。因此，在开发任何产品之前，我们都需要进行严格的假设和调研，找到刚需，找到痛点。

### 2. 好产品的六字真言：刚需、痛点、高频

在做产品之前，有些人会自己想象出一个场景，但这个场景在生活中其实很少发生。比如上门修锁，是不是刚需？是刚需。是不是痛点？绝对痛。但是它的频度太低，一般人家估计一年也用不上一次。这种情况下，你这种产品就很难替你凝聚用户。

所以，做产品之前，我们需要不断问自己：用户有购买动机吗？具体点，我能否在用户口渴难耐时递给他半瓶救命水？在“用户口渴难耐”这个场景下，用户的需求就是“喝水”，发现用户需要喝水，就是聚焦用户需求，而且是刚需、高频。

> 现在来看，微信是一个特别伟大的产品，但是我们往回看，张小龙在他的一篇自述中提到，最早做微信的时候，其实找了很多的点进行突破，但最终都没有成功，直到后来找到“摇一摇”，那是他们快速获得第一批忠诚用户的点，这是刚需，而且还是高频。而像婚介网站，比如世纪佳缘，你这辈子找结婚对象可能就只找一个，找到了就结婚了，自然就不会再去了，这就是低频。

很多人学互联网模式学歪了，没有学到精髓，反而学到了很多表象。

他们以为，上门给用户送一只鸡，并且开着大奔找几个美少女去送，这就是体验、是惊喜。但是有一个前提你要问问自己，用户是不是每天都要吃鸡？这是不是用户的痛点、刚需？是不是需要高频消费？毕竟，体验远没有产品需求重要，没有需求也根本谈不上体验。

其实当很多大企业想要转型拥抱互联网时，我都告诉它们一定要忘掉原来的商业模式，忘掉原来丰富的产品线，然后把所有的战略归结成从用户角度出发寻找一个需求。这个需求一定是中等以上的频度，然后必须是用户的痛点、刚需。你的产品一旦满足了刚需、痛点、高频这三个要素，那么它可以非常不起眼，但一定是对用户有价值的。

此外，我们也不要一开始就想着让用户难以自拔，你可以先让用户对你的产品一见钟情，然后日久生情。BAT（百度、阿里巴巴、腾讯三个巨头首字母缩写）发展到今天，它们推出的产品即便再难用，媒体也会疯狂关注，但小企业、创业企业不会有这样的机会。在面对第一批用户的时候，你实际上只有两三句话的机会，甚至要在几秒钟内让用户听了就觉得自己想用这个东西。等用户爱上你的产品后，再谈怎么在产品里做细节和交互体验的提升，再谈超出用户的预期，让用户疯狂尖叫。

当下，虽然互联网技术在不断变化迭代，但在任何行业里，对任何企业来说，技术革命的影响都是长期、平等的。在技术条件相差不大的情况下，我们真正需要抓住的是做产品的基础——用户需求；否则，脱离了用户需求，产品设计得再漂亮、想法再精妙，也无法和用户产生共鸣，无法创造出让用户喜欢的好产品。

我一直认为，在一家珍惜和看重用户的企业里，每个人都是产品经理。不论是一线技术开发人员、产品设计人员，还是营销人员、客服人员，都需要时刻从用户的角度出发考虑问题。如果能够用心倾听用户的声音，让产品落脚在刚需、痛点、高频这六个字上，那么你的产品就是好产品，就是成功的产品。

## 优秀产品经理的“四心”

在奇虎360，我觉得自己就是最大的产品经理。当然，我这样认为不是因为自己有多么成功，而是因为我曾经是个失败者，曾经在用户体验上犯了很多错误，甚至被别人骂得狗血喷头。现在大家看到的大多是我投资和参与做的比较成功的产品，但其实大家没有看到，这些成功背后还有很多不成功的功能和产品，只不过这些失败没有被大家关注和记住而已。

但正是这些经验教训，帮我在后来做出了更多、更好的产品。同时，也正是这些经验教训，让我对产品经理有了更多的感悟和心得。在我看来，要想成为优秀的产品经理，必须具备以下“四心”。

### 1. 用心：对自己、对产品负责任

说到“用心”，可能很多人会觉得这个词比较“虚”，但事实并非如此。

现在大家可能觉得老周做的一些产品还可以，并且也有一些自己的心得，但实际上，我每做一个新产品既没有锦囊妙计，也不是三分钟就能找到灵感；相反，我也要花很多时间去看同行的产品，去看论坛的用户评论，然后也要花很多时间和心血思考和打磨产品。总之，对每个产品都可谓呕心沥血。

在我看来，做产品有时候就像一个女人十月怀胎生孩子。就算你已经成功养育了 3 个孩子，第四个孩子也不会说三个月就能健健康康地生出来，还是得经历 10 个月痛苦的孕育过程。产品经理也是一样。无论你之前有过多少成就，但只要有一刻不用心，就没办法再继续拿出让用户满意的产品。这是必然的。

所以，我觉得用心——对自己用心，对产品用心；负责——对自己负责，对产品负责，是成为一个优秀产品经理的基本前提。

事实上，我觉得很多产品经理应该自省，问问自己做产品是在为自己做，还是只是在执行老板的旨意或上级的命令。很多人认为自己就是公司的一颗螺丝钉，甚至连螺丝钉都不是。所以，他们做出的产品仍然能够被挑出很多问题。当然他们可能也在工作，但也仅是尽到了工作职责；而仅靠尽到工作职责，是很难成为优秀的产品经理的。

在我看来，如果你把自己看得太小，只把自己看成一个打工仔，那么这样的层次和胸怀是不可能成为一个真正的产品经理的，更不可能做出好产品。

所以我希望产品经理即便是在别人的公司上班，也要拿出一点创业精神。很多人会说，我又不是创业者，干吗要有创业精神。其实我们完全可以换个方式来思考：难道非要自己办公司才能把一个产品做好吗？在别人的平台上花着老板的钱，用着公司资源，做成、做不成都是公司在给你交学费，在我看来，这就是公司能给予你的最好机会和平台。如果在公司能把自己充分调动起来，把一个产品做到极致，让产品在市场获得成功，还可以给自己积累声望和人脉，就算做失败了也可以积累经验教训，为下一次成功做铺垫，这就是最宝贵的人生财富。

所以，我经常跟产品经理讲，我们心里一定要有一个大我，要对产品负责任，要把产品看成你自己的产品，这样做，我就相信每个人都是有潜力的。

我们有很多同事自己家里买了房子，需要装修，所以他们迅速就成了装修专家、瓷砖专家、马桶专家。因为这是自己的房子，他会用心，所以每天会花很多时间在网上搜索比价，每天会到建材城和人斗智斗勇。所以只要你能拿出装修自己家的精神和用心，就没有理由不会成为一位优秀的产品专家。

### 2. 同理心：从用户角度出发

前面的“用心”是说大我，是说要有创业精神，敢于承担，而“同理心”讲的则是小我、忘我与无我。

做产品，无论有多高的技术、多好的设计，想要给用户提供良好的用户体验，都要遵循一个原则，即从用户角度出发。

用户体验之所以叫用户体验，而不叫产品经理体验、老板体验，就是因为所有体验的好坏都是由用户来感知，并且最终由用户来评价的。不管愿不愿意，我们都必须承认，产品经理觉得好的产品，用户不一定买账，甚至有时候行业专家选择一个产品的理由跟用户选择一个产品的理由会大相径庭。

所以，我们做产品，最根本的出发点一定是用户想要什么，而不是你自己喜欢什么。这种从用户角度出发的产品逻辑说起来容易，做起来却很难。因为随着经验和阅历的增加，我们不管成功与否，最愿意说的就是“我认为”“我觉得”“我喜欢”……都有一个非常主观的自我在里面。所以我经常说，有些产品经理做产品，不是给用户做，而是给自己做。

做产品的时候，最容易出现的一种现象就是几伙人马各执己见、争论不休、互不让步。其实，这恰恰说明我们可能没有站在用户的角度，而是从自己的认知出发，觉得自己是对的、别人是错的。

从用户角度出发考虑问题，对很多人来说不是能力问题，而是心态问题。所以，我经常告诉产品经理们一句话——先像“小白”用户一样去思考，思考完了得出结论，然后再像专家一样采取行动。但事实上，很多人颠倒过来了——先像专家一样思考，然后像白痴一样采取行动。

这其实也就给我们的产品经理提出了要求：我们必须自带按钮，只要用户需要，就能自动迅速切入白痴状态或者进入傻瓜模式。我在公司常常和产品经理们一起讨论产品，这对产品经理绝对是一个挑战。而我之所以比他们更能找到用户需求的点，就是因为我能这么多年一直被用户骂，能一直坚持在一线看用户的帖子，能在微博做用户的客户。这些当然都不是为了作秀，而是为了能够真正理解用户的想法，做到将心比心。

我坐飞机的时候最喜欢干的一件事，就是假装上厕所，这样我就能从飞机前面走到后面再走回来，目的就是要看一看飞机上的人都在做什么。开会的时候也是一样，我会主动坐到其他人中间，然后可能会借用一个90后小姑娘的手机，因为我想了解一下她手机里的软件跟我的有什么不一样。

所以你要花很多时间去接触用户，才能够理解用户是怎么想的。这个时候一定要放下自我。有太多人做不了产品经理，就是因为他们太自我，总是觉得这个东西是我做的，得体现我的能力、我的想法，我要去引导用户、教育用户。这绝对是不可取的。我们只有大量接触用户，才能建立这种同理心。

通过不断历练，我现在已经“分裂”成两个我。

当公司产品经理做出一个产品给我试用的时候，第一个我就出现了。这个我其实也是产品经理，技术出身，干了多年技术和产品，无论什么样的按钮和功能都可以很快熟悉了解，还有那些晦涩难懂的说明书，这些都难不倒我，看一遍，稍微动脑筋想一想就明白了。或许作为产品经理的我，用这些智能硬件会觉得很顺畅，没什么问题。

但这个时候，第二个我——“小白”一样的我就会站出来：这个按钮是做什么的、那个按钮是做什么的、为什么要按好几秒、说明书里的专业名词是什么意思……这个进入“小白”状态的我会发现有各式各样的体验问题，这就是说要站在普通用户层面去使用产品。

事实上，我做产品，至少有一半的灵感是来自用户的。这当然不是说用户会具体告诉我一个产品应该怎么做——我的经验是，具体需求一定不能直接问用户，否则会被用户牵着鼻子走，而是站在用户角度、把自己置于用户情景中，去看用户为什么会这么想、用户为什么会这么抱怨、这个抱怨的根源是什么。

就这样，一边是从用户出发的思维模式，一边是产品经理自我的想法，两种思维不断碰撞、交战、磨合，最终找到最好的产品体验方案。

### 3. 处处留心：产品体验无处不在

很多人觉得改善用户体验都是在公司、在上班时间、在产品讨论会上完成的，下班之后，这事就跟自己没关系了。要我说，这种人很难成为优秀的产品经理。

在优秀的产品经理眼中，产品体验无处不在，甚至我们每时每刻的所见、所闻、所感都与产品体验有关。比如，在乘坐航空公司的飞机时，登机过程、机场安检流程等是体验；在医院里，排队挂号、问诊、住院等也是体验。

在传统医院的流程中，永远不知道在哪里划价、交费、拍片子……这会让你楼上楼下跑很多次，这是最坏的体验。当我说这一段话的时候，我就是个用户。作为产品经理，如果你能在日常生活中把自己当成一个抱怨的用户，处处留心，然后把它再上升一个层次——抱怨完了之后，想想为什么会抱怨、该怎么改善。我觉得这个过程就是训练自己明确用户体验的过程。

比如一个产品经理去买车，因为对车不了解，所以他可能就会被动地听推销员天花乱坠地讲。产品经理自身可能并不关心车的某个螺丝是什么做的，但推销员意识不到这些，反而觉得这样会显得自己很专业。反过来，产品经理打造自己产品的时候，也巴不得把所有技术细节都展现给用户，也不管用户懂不懂、用不用得上。

再比如买电视，其实正常来讲，很多用户根本不懂电视技术层面的东西，要么是因为电视外观漂亮，要么是因为现场推销员的忽悠，就把电视买回家了。科技在进步，电视已经有非常多的功能，但绝大多数人打开电视之后用的还是音量键、开关键和频道键，遥控器上大部分按键甚至都没摸过。想一想，现在的电视机有看照片的功能，但我们谁会把SD（安全数字）卡往里插？当然，如果插过，你就会知道这个功能不是给普通人设计的。

过去一个好的诗人，也不是天天在屋里看《唐诗三百首》，然后照着抄就能写出伟大的诗篇。他要有赤子之心，要有胸怀，也需要到处采风，游历名山大川，和朋友喝酒，和家人欢聚，这样才能有灵感。

事实上，很多产品的灵感都来自产品之外。据说，苹果设计负责人乔纳森·伊夫（Jonathan Ive）进入苹果前，设计的最酷的产品是马桶。很多人觉得很奇怪，设计苹果的人竟然是一个设计马桶的。但伊夫却反问，你们不觉得人们在白色上有共同的灵感吗？

这些都是生活中的点滴小事，之所以鼓励大家在日常生活中、在不熟悉的领域处处留心，就是因为这些地方可能就是发现用户感受、培养同理心的好地方和好机会。如果我们能够在上班的那几个小时或者在开会的那几十分钟之外，还能让自己时刻处于“小白”用户模式下，能让自己在生活中发现体验不好的地方，久而久之，对产品用户体验的感觉就会提升。

### 4. 没心没肺：脸皮要厚，不要怕人骂

最好的产品可能是优美的和优雅的，能解决用户问题，但它一定不是完美的。苹果的产品即便到了今天也有很多缺点，但是没关系，只要你的产品有一个点或者几个点能够给用户带来强大的诱惑和感动，这就够了。

很多设计师出身的产品经理：一方面，做事要求完美，要求一步到位把产品做到极致；另一方面，又有一颗玻璃心，被老板一批评就蔫了，被同行一挑战、被用户一吐槽，就觉得受打击了，“好，我不跟你讨论了，你不懂”。

在我看来，要想成为一个好的产品经理，在对产品结果负责的同时，也要有开放的胸怀，能够接受产品的不完美。同时，心也要粗糙一点、迟钝一点，更要能够受得了被别人骂，不要管别人怎么说。对我来说，竞争对手雇水军来骂我，虽然很难听，但我也会咬着牙跟团队说自己希望产品有什么改进，最终让他们骂不出、没得骂。

当我们谈论苹果或其他成功公司的产品的时候，一定不要看它们今天的成功，然后去模仿，而要看它们刚起步时候的原型有多么粗糙。因为任何好的产品，都是经过不断失败、不断打磨后才出现的。好的体验更不可能一次到位，你需要不断地、一点一滴地去改进。

在我看来，做产品从某种角度来说就是做艺术品，但又不仅仅是做艺术品。因为艺术品可以给少数人看，实在不行还可以孤芳自赏，但是产品如果想要获得成功还需要获得商业上和大众的认可，还需要跟市场抗争，跟竞争对手竞争。

所以，我经常说，没有坚韧不拔的精神，产品经理很难做到优秀。我们必须要能够忍受来自市场各种用户的建议、正常的反馈，甚至包括恶毒的攻击。所以得有一颗粗糙的心，得有一种没心没肺的精神，这样骂你的人多了，你也就习惯了，甚至还会从中找到真正有价值的想法和创意。

总之，任何一个成功的产品，它的成功都不可能是一招制敌，更不可能是一炮而红，而是至少经过三五年不间断的打磨、尝试和失败，最后才脱颖而出，走进我们的视线。产品经理必须对此有心理准备。

## 在用户最痛的点上突破

要不要做一个产品，要不要留下一个功能，其实最终起决定作用的还是要看用户需不需要，而不是你创造一个产品或者一个功能，然后生硬地让用户接受。我经常说一句话："凡是试图教育用户的人，最终都会失败。"

教育用户不是不可以，但需要一个漫长的过程，需要有足够的广告投入，需要有足够强大的市场营销能力。但是这些条件，初创企业显然并不具备。所以，如果我们想做一个爆款单品，就一定不要挑战用户的常识。

360儿童卫士智能手表最初的设计，是试图保护0~10岁的儿童，并最终带来了电池和充电的问题。后来，即便我们改进了设计、放弃了太小的孩子、把电池做大，但这些小朋友仍然面临充电问题。遇到这种情况，我们自然不能教育用户让他们经常充电，这样做不仅事倍功半，而且还会引发用户的抱怨，所以只能另辟蹊径。

这时，其实360儿童卫士智能手表已经到了第三代。为了解决问题，我们绕了一个大弯子，最终又回到了我说的痛点、刚需、高频和简单上。孩子的安全问题永远是痛点，防走失是刚需但频度低。相比之下，通信则既是刚需又是痛点，并且会高频度应用。所以，今天的360儿童卫士智能手表就主打三个功能：随时跟孩子保持通信，孩子一键呼救，随时定位防止孩子走失。

此外，加上通信功能之后，还有一个好处：过去当360儿童卫士智能手表只是一只安全手表的时候，即便和同学走在一起，恐怕也没机会拿出来晒一晒，所以也就不容易产生推荐和转介绍；但现在，如果班上有一个小朋友说自己用手表跟爸爸或妈妈通了一个电话，那么其他小朋友就会羡慕得不得了，甚至可能马上就会传开，大家就会争相购买。

当然，有了通话功能之后，我们前面提到的电池问题还是没有解决。并且有了这个功能后，好多小朋友还会跟好朋友通话，这样一来，电池就更禁不住折腾了。在这种情况下，继续把电池做大，几乎不可能，那样的话手表就太大、太重了。

看起来事情变得更糟糕了。但真的是这样吗？不是。相反，一直困扰我们的问题反而在这一刻柳暗花明。

因为是刚需，所以小朋友们自己学会了充电，我们再提供一个小的充电宝让他们随身携带，结果大家用得乐此不疲。所以我们也可以得出一个结论：很多时候，当用户有了刚需，他可能就会为了这个刚需而容忍你的某些缺点。

这不是完美的方案，但是用户可以接受。我们自然不会再加大电池，因为手表太重、太大戴在手上会非常不舒服。如果用户需要，那么我们会再做一个儿童充电宝或者儿童充电书包，书包里面放一块电池，手表只要和书包一连接就可以充电。至此，电池的问题看似没解决，但其实解决了。

再看看苹果手机，为了美观，乔布斯也牺牲了电池，所以用苹果手机的人要么随身携带充电器，要么随身携带充电宝，这的确不方便。但今天，因为苹果手机满足了我们的刚需和痛点，所有人容忍了这个不方便，并且习惯了携带充电器和充电宝。

我们常常忽略了用户最本质的需求，所以做了很多功能都没有打动用户。这个世界本身就不存在完美产品，产品经理每天都在不断地做选择、做取舍，而选择和取舍的根本指向就是要在用户最痛的点上进行突破。如果用户接受了最痛的点，那么其他缺陷都可以容忍。

## 把每一个单品都做到极致

IOT是未来的大势所趋，其实我很早就意识到了这一点，但奇虎360并没有像其他一些互联网公司那样，在很短的时间内就疾风骤雨地推出各式各样的产品。这里面当然有我个人的一些思考。

进入互联网领域之后，我一直有一个单品理念，因此也一直在思考，能不能在一个产品上深入地做下去。比如我们能不能围绕儿童手表建立一个比较深入的商业模式，而不是我做一堆手表，去卖很多硬件。

基于这个理念，我在智能硬件方面提出了一个重度垂直的概念，也就是说，你可能只做一个硬件，但这个硬件会做得非常深入。并且你不是只卖硬件，相反，硬件会变成你跟用户之间连接的桥梁，你可以通过硬件源源不断地给用户提供互联网服务。

从企业的角度来看，无论中外，到目前为止，也没有一个能同时把手机、电视、汽车都做好的企业。业界公认最牛的史蒂夫·乔布斯，也只是做成了手机和音乐播放器；埃隆·马斯克也就做成了一个特斯拉，并且今天还有很多不确定性。

但是今天很多企业，却试图把自己的产品线无限拓宽，恨不得用户拿着它的手机、用着它的鼠标垫、看着它的电视、吹着它的空调、坐着它的按摩椅……在我看来，这与做梦无异。硬件说起来容易，做起来难，相比软件来说，有太多的坑。所以我也回想了一下，自己几乎每次到硬件会议上，都不是去分享什么成功经验，而是全程都在“痛说革命家史”，都在说我在做的过程中遇到了什么困难、经历了什么挫折。事实上，我发现了一个规律，通常每个硬件需要做到第三版的时候才能有点感觉，这就意味着你的前两次尝试虽说不一定会失败，但起码不会那么成功。

并且，那种试图覆盖所有硬件的厂商，我觉得它不是在跟竞争对手竞争，而是在跟用户的智商和心智模式做斗争。我觉得，每个消费者对每一个产品品类都会有自己的尝试和心智判断。所以，我经常说，每个做硬件的创业者，最大的机会真的不在于竞争，更何况有些巨头你也真的竞争不过。在我看来，最大的优势就是找到一个小众市场，然后在这里建立用户的心智认知。

奇虎 360 到目前为止也做了几个不同的硬件产品，并且也会做交叉推广，但我们其实一直都有一个理念，那就是做硬件——只做跟安全有关的硬件。比如，我们做 360 儿童卫士智能手表，是为了保护儿童的安全；我们做智能摄像机，是为了保障用户家人和家庭的安全；我们做行车记录仪，是为了保障用户的行车安全。

我发自内心地认为首先还是要把每个单品做好。如果单品做不好，瘸子希望背瞎子，或者瞎子希望背瘸子，在我看来，都是没意义的。

小米现在做了这么多产品，最重要的原因是小米手机销量好。如果没有小米手机，那么可能很多产品都不一定有人买；并且，虽然已经做了这么多产品，但也并没有产生小米希望的联动效应。

对此，我的看法是，做产品之前，先不要考虑什么联动，而是要先思考怎么把每一个单品都做到极致。所以，我要求目前奇虎360的各个硬件产品各自为政，必须把自己负责的单品打造好；否则摄像机依赖手表、手表依赖手机，这是做不起来的。

我认为，谷歌在今天也是在依赖爆款策略。谷歌收购了Nest（一个智能家居品牌），从一个角度切入智能家居。像谷歌这种企业，原本可以毫不费力地推出一个所谓的智能家居平台，但现实情况是，我们平常百姓的家里恐怕连一两件智能家居产品都没有，所以也没办法上来就做平台。

事实上，在产品战略中，只有两个或者多个都做得好，它们的互动才有意义，才有可能产生联动效应。所以今天很多人谈产品的交叉互动、谈平台战略、谈所谓的生态，我觉得这是不成立的，都是伪命题。用户在买产品的时候，最关注的永远是这个产品会给我创造什么价值、解决什么问题、好不好、我买得起还是买不起、我觉得值不值。我觉得只有把这些问题都解决了，他们才有可能关注你的其他产品。并且，这背后还需要企业把各个产品的数据在云端打通。如果他们对其中一个产品不感兴趣，那么自然也就达不到带动其他产品的目的。

所以我觉得一个人能把一件事做好其实就已经很不容易了。我跟很多人价值观的最大不同之处在于，大家判断一件事能不能做、做没做成功，往往更多的是根据产值、市场规模、收入规模来衡量。我不是这样。哪怕你只是做了一个很小的产品，但如果最后它能够改变很多人的生活，就一样能够影响这个世界，一样是一个伟大的产品。

# 智能硬件的游戏规则

现在互联网领域都在谈互联网的未来，而我认为，未来很重要的一部分就是万物互联，它大概可以分为4个领域：车联网、可穿戴设备、智能家居以及工业互联网化。

过去几年中，奇虎360陆续推出了360儿童卫士智能手表、智能路由器、智能摄像机、行车记录仪等智能硬件产品，这些产品现在也获得了用户的广泛关注与欢迎。但在做硬件的过程中，我发现，由于基因问题，做硬件和做软件的游戏规则完全不一样。

## 1. 小步快跑、快速迭代规则并不适用

在软件研发管理中，我们常常强调要小步快跑、快速迭代。实际上，软件是不怕产品粗糙的：一方面，从用户的角度来讲，软件一般都是免费下载的，所以如果觉得不好，不大了不用；另一方面，从开发团队的角度

讲，有漏洞等问题可以随时进行升级，具体操作上，可能整个团队熬两个通宵就解决了。

但硬件完全不一样：一方面，如果粗糙、难看、不好用，那么用户很可能直接就不买了，因为购买是需要拿出真金白银的；另一方面，硬件做好卖给用户之后，再想修改基本没有机会，所以也就很难做到小步快跑、快速迭代。比如，假设我们今天做一个硬件产品功能，当初设计没想好，等做出来再想改，对不起，可能至少需要 6 个月的周期。

### 2. 硬件技术开发难度比软件大

通常情况下，一个智能硬件产品从研发到最终生产出来，这个过程需要考虑工业设计、元器件选择、材质选择、质量控制、供应链等众多层面的东西，而软件只是中间一层。

仅从软件角度说，硬件本身里面会有软件叫固件，云端后台还有一套软件，移动端可能还需要一个 APP 也是软件……硬件层面的就更不用说了，比如做智能路由器，天线用什么材质的？铁的还是铜的？不同角度信号是什么样的？等等。可能这些都需要测试成千上万遍。所以说，在技术开发方面，开发硬件的难度确实要比开发软件大很多。

### 3. 硬件产品更要学会平衡和取舍

我们知道有个成语叫“众口难调”，其实无论多么优秀的产品，都是没办法得到所有用户一致认可的，换句话说，你总有一些地方是没办法满足所有用户的需求的。

做软件的时候自然也需要平衡和取舍，夸张点说，一个打车APP不可能做得需要有8G内存才能运行起来。但随着科技水平的发展，CPU速度越来越快、内存越来越大，软件受限制的情况会越来越小。

但做硬件的时候会有更多的情况、更多的矛盾需要平衡。比如做手机，很多人都希望手机越薄越好，但是薄也就意味着电池没办法做得很大，因此续航能力就差了；反过来，如果你希望续航时间长、电量足，那么手机重量可能又不如意了。或者现在大家一般都喜欢大屏，但大屏自然耗电量大。所以说，做硬件的过程需要更多的平衡和取舍。

### 4. 从产品原型到量产需要面临极大的挑战

开发软件的时候，只要最后成型的产品经过测试，那么就可以直接交给用户使用了。但硬件产品不一样，通常来讲，硬件产品在设计产品原型阶段很容易，你甚至可以不计成本地做一个样机原型，无论材料、元器件都可以无限投入。一旦要批量生产，量变到质变中的问题和矛盾可能就会出现。因为当你需要生产10万、100万台的时候，做产品的将不再是你的工程师，而是生产线上的工人。在这中间，如果你的设计结构要求很高，工人依靠手工可能做不出来，那么你设计得再好，在生产线上也有可能被卡住，生产不出来。

## 5. 供应链管理不好会是致命点

软件之所以可以免费，就是因为软件可以无成本复制。对开发商来说，用户下载1000万次对比下载100万次，无非就是多投点服务器、多买点流量。但如果是一个智能硬件产品，那卖10万台和卖100万台，对于开发商来说就是量变与质变的区别。

比如某个元器件，如果你的备货没有那么多，那么当销量快速攀升的时候就只能干着急。360儿童卫士智能手表在2015年一度产能供不上，就是因为前期没有考虑好。

相反，如果备货过多，万一中间某个环节出现问题，那么这些备货可能就成库存了。假如你追求零库存，尽量不备货，那么等这个产品被证明是畅销品、等你想备货的时候，对不起，可能由于各种原因，某个元器件被别人买断了，比如传感器、镜头、屏幕等，后续可能就会很麻烦。

所以，如果供应链能力有限或者没有经验，那么就算你是孙悟空，有三头六臂、会72变，也只能干着急。

此外，在供应链控制上，硬件还存在一个隐患，就是我们通常都需要找合作伙伴代工生产。在这个过程中，你得承认，一个工厂生产10万台、100万台、1000万台都保持稳定，这本身就是一个很大的挑战。更何况，你找到的合作伙伴有时候可能天然就会不自觉。在做试验阶段，他可能会给你用比较好的元器件，但一旦开始批量生产，为了控制成本，他可能就会想方设法地去节省一些钱，这样产品质量自然也就失去了保障。

总之，我们可以在硬件上不赚钱，但生产商不可能不赚钱，他以此为生，因此至少也要赚个毛利。我们曾经遇到过这样一种情况：生产商故意给你用那些不是那么好但也不会太差的材料，做出来的产品也不是每一个都会出现问题，但良品率会下降。这样一来，产品质量就得不到保障了。这其实就是和软件不一样的地方。如果是软件，偶尔出现一个漏洞，修补就好，也就是说，很容易提供后续服务；但是硬件不一样，你焊了一个不好的元器件到产品上，如果你想换掉、再焊别的，那么会非常麻烦。

## 做产品最大的问题是“伪需求”

有一次，奇虎360给员工组织了一次培训。培训过后，员工脑洞大开，创造力得到了充分发挥。其中，有个产品经理就设计了一个颜值颇高的智能捕鼠器。整体来讲，这个捕鼠器功能十分强大：可以手机遥控、可以把老鼠电死、可以把老鼠掐死、可以发出强烈的噪声把老鼠震得口鼻出血而死……但是它有一个缺点——需要自己抓老鼠，然后放在上面！

用今天我们手机行业的文案标准，智能捕鼠器绝对是温文尔雅、豪迈大方：

• 用了403不锈钢做的铁门；

• 杀老鼠的刀片和吉列刀片以及切牛腩的刀一样，用的都是大马士革钢；

• 捕鼠器里面上了6遍漆，老鼠很容易摔倒；

……

绝对是一个华丽的PPT（演示文稿软件）。

甚至我们还可以专门为这个捕鼠器开一场发布会，讲两个小时，告诉大家这个智能捕鼠器可以对付美国大仓鼠、欧洲老鼠，中国的土田鼠我们都不屑于对付。它支持蓝牙，还有手机APP，上班的时候，抓住了老鼠它会自动把视频发给用户，告诉用户“恭喜你成了捕鼠冠军，击败全国99%抓老鼠的人”。然后发布会最后告诉用户——不过，大哥，你得先买只猫……

做产品首先要找到用户的刚需和痛点，其次才是用户体验。现在，像电子捕鼠器和其他很多智能硬件，都太过追求表面的东西——光滑的外表、婴儿肌肤般的手感等。但这些企业忽略了一个最重要的前提——用户不想要这个东西，因为没有需求。

我们经常说痛点，而不说痒点或者不痛不痒的点，主要就是一个市场或者一个产品刚刚兴起的时候，如果满足的不是用户最痛的点，而是那些不痛不痒、可有可无的点，这样的产品其实并不具备真正的用户需求。

有一家创业公司，做了一个万能遥控器，遥控器本身可以发出各种各样的红外电波，并且可以跟手机连接，通过手机遥控家里的空调、电视。说实话，最开始猛然一听我也挺兴奋。以我自己为例，我回家之后，经常拿着一大堆遥控器在屋里看电视，因为我家装了好几个电视盒子，需要经常调来调去，也需要用遥控器调高、调低音量等。但我们很多创业者最容易犯的错误就是以己度人，而不是以同理心去琢磨普通消费者到底在一个什么样的场景中。

首先，家里虽然有很多遥控器，但其实现在大家已经基本上不常用了，最常用的可能就是电视遥控器，但现在很多用户家里的电视已被常年搁置，找不到电视遥控器恐怕并不是一个大概率事件。

除了电视之外，家里可能最常用的是空调。但空调遥控器一天大概最多用两次，回家进屋之后开空调用一次；睡觉之前或者第二天早晨关空调再用一次。其他的家电，如冰箱、微波炉、电饭煲等基本不需要遥控器。

我们设计任何一个产品都需要设置一个场景，我当时也看了那家公司的宣传片，他们设计的第一个场景是：用户是个马大哈，经常找不到遥控器，然后一个人满屋里乱找。记得当时我问了他们一个问题——你觉得这个场景真实吗？

第二个场景是：用户的遥控器电池没电了，所以看不了电视，家里没有备用电池，楼下小卖部也没有电池……

他们在构思了这两个场景之后，告诉用户说："大哥，你花400元买一个通用遥控器吧！"

我个人觉得，如果这个万能遥控器免费，那么我可能还愿意试一试，但要花 400 元去买还是算了。主要不是不舍得花钱，而是他们描绘的所有场景和需求不能说完全没有，但绝对不是刚需。

现在还有很多人要做智能灯泡，我想一想都觉得这是个噩梦。试想一下，你家里装了两个智能灯泡，你手机里需要装一个 APP，然后家里还需要装一个插座。如果你半夜起来上厕所要开灯，需要先摸手机，然后打开 APP，再在 APP 上开灯。说实话，我觉得这不是为用户的生活带来方便，而是无端制造麻烦。

这些当然都并不是用户的真实场景和需求，但很多企业为了创业而创业，为了做硬件而做硬件，所以它们把这些场景和需求无限放大，甚至把一些在某些特殊条件下、某些特殊场景下的需求，放大成一个广义、普适、大众的需求，然后做了一个貌似符合大众需求的产品。

现在大家都在谈智能硬件，觉得这个是真需求、那个是真需求，后来我领悟到，其实智能手机才是真正的刚需。举个例子，如果我把你手上戴的智能手环拿走，你会跟我急吗？恐怕不会。今天天气不错，雾霾没有那么严重，结果你回家一看，空气净化器坏了，你会心急如焚吗？恐怕也不会。但如果我告诉你，必须把你的手机拿走一个小时，之后再还给你，你会不会跟我急？我觉得不用一个小时，恐怕只要 20 分钟不能刷微博、不能刷微信，就会有人受不了。

所以判断一个产品是不是刚需特别简单，反问自己：如果没有它会怎么样？生活是不是没办法继续下去了？如果答案是肯定的，那么这自然就是刚需；如果答案是否定的，那么恐怕就还需要再斟酌。很多人家里就算没有万能遥控器，日子也可以照常过，并且丝毫不会受到影响。这其实就算不上刚需。

事实上，我们今天很多创业者所构想或者生产的产品，要么不是刚需，要么解决的不是痛点，要么就是用户没有需求，这些其实就都是“伪需求”。做产品最大的限制不是体验不好，体验不好可以改，最大的问题就是“伪需求”。还有一些产品也有需求，但需求不强烈，是痒点而不是痛点。眼中钉、肉中刺，牙痛的时候恨不得立马把牙敲掉，这个标准的东西才能叫痛点。最伟大的战略就是找到用户的痛点和刚需，然后做一个产品解决它。至于解决得好还是更好，这是体验问题。

现在的企业要实现“互联网+转型”，就要学会从用户角度出发去寻找一个需求，这个需求一定是中等以上的频度，并且是绝对的痛点、刚需。这样它对用户是有价值的，对企业则是可以创造价值的。

第四章

# 新经济·新本质

互联网改变了人类的连接关系，成为人类有史以来最大的颠覆力量，这是一个特殊的存在。万事万物都有其规律和规则可循。互联网自诞生之日起，不仅生存下来，而且颠覆了很多传统企业，昭示出巨大的力量，这其中必然也有自己独特的规则。在这方面，传统企业必须有这个认知，也必须在看到危机的同时找到转型和连接的机会。

## 互联网的颠覆力源自连接

最近几年，互联网以其破竹之势颠覆和重塑了很多行业。从总体属性来讲，它已经超越了一个垂直行业的范畴，作为一种连接和聚合的力量改变了很多行业。

> 丁磊是我比较尊重的一位老朋友，也是互联网行业的创业老兵和前辈。2000年，互联网行业泡沫破碎，外界一片唱衰之声。在很多互联网人士信心不足的时候，他为了给自己和大家打气，做了一个广告。这个广告，当年我没有看懂；但是10年之后，我终于理解，这不仅仅是一个广告，更道出了互联网的真谛——网聚人的力量。

正是因为网络可以把很多东西连接在一起，它才昭示出今天其所展现出的巨大的颠覆和重塑力量。当网络只有一个节点时，它是孤立的，其实也是没有价值的；但是当它有1亿个节点的时候，它的价值就会远远超过它本身。在这个意义上讲，网络的价值其实和它的节点数目成正比，并且每增加一个节点都会带来指数级的变化。

特别是进入移动互联网时代之后，智能手机的重要性愈发凸显。有人说，手机已经不单单是一个沟通工具那么简单，它更像我们身体的一个器官，成了生活中最重要的一部分。比如我们到饭馆之后，最急切的需求不是吃饭，而是先找Wi–Fi。手机互联网第一次真正实现了把所有人都连在一起。一旦把人都连在一起后，你会发现这种连接关系比PC互联网有利得多，其表现出的推动力和摧毁力也会大得多。

我举一个简单的例子。过去，企业要做宣传和传播，如果资金充足，那么首先肯定是选择中央电视台这种具有话语权的媒体。因为传播全部是单向的，并且是自上而下的，所以企业要想达到最大的传播效果，就必须找这种主流、人人都关注的媒体。

但是今天你会发现，每个用户获取信息的方式都变了，自媒体此起彼伏、遍地开花。手机用户自己说了算，所以他们完全可以根据自己的兴趣选择自己愿意接收的信息，而不再是被动地倾听来自主流媒体的声音。包括朋友圈、微博，每个人都可以在里面活跃，你可以不是名人、不是企业家，但只要你的某个声音发对了、引起共鸣了，那么你就可能会影响很多人。

10年前我们没有粉丝经济，没有粉丝营销，因为那个时候你跟用户之间没有连接，用户和用户之间也没有连接，可以说谁也影响不了谁，所以粉丝是没有价值的或者价值较小。

但是今天，情况发生了很大的变化。你做了一个产品，如果想要推广，那么你不一定要在中央电视台当标王，也不用1亿人直接通过主流媒体观看。因为有了网络，哪怕只影响1万人，这1万人再进行二次传播，最后都可以形成指数级的变化。所以连接改变了整个话语权，并且过去这种线性、层状的结构，已经被没有中心的网络结构取代了。

所以，我们今天很多人都在谈“连接”。在我看来，无论是今天智能手机所代表的移动互联网时代，还是未来的IOT时代，互联网之所以有这么大的“威力”，其背后的力量都是连接。我们只有理解了这个，才会理解为什么很多行业会被互联网颠覆，才会理解这些现象背后最本质的问题是连接关系被改变了。

比如优步（Uber），这是当前全球最大的“出租车公司”，也是一家颇具争议的公司。在优步模式出现之前，很多人必须和出租车公司连接起来才能为乘客提供服务，否则即便我们有车，也不能接单。而出租车公司：一方面，需要跟政府连接起来，获得相应执照；另一方面，也必须和用户连接起来，以便获得需求信息，完成交易。这个过程虽然说起来比较简单，但是真正运转起来的链条十分复杂。但是优步模式出现之后，只要通过手机软件，就可以把每一个司机或者每一辆车直接与每一个用户连接起来，从两方面颠覆了原有的连接关系，也就改变了传统出租车行业。

所以，我们很多企业都要考虑：一方面，如何让自己的产品加入到连接的网络里；另一方面，如何让自己的产品把其他很多东西连接在一起。这个“东西”可以是人，可以是企业，当然也可以是信息。

## 互联网的“道”

当下，我们一方面在利用互联网改造、升级传统企业，另一方面却又有人不断拿互联网、互联网思维恶炒。

北京有个做烤鸭的O2O企业，叫“叫个鸭子”，其实就是一个饭店。这个饭店的烤鸭做得还可以，但说它是O2O企业，它却并没有改变做生意的本质，也没有在产品上下功夫，而是利用互联网恶炒互联网思维，比如雇穿比基尼的少女开着大奔上门送餐等。所以，媒体马上就会报道，说年轻的90后创业者非常有思想，运用互联网思维卖烤鸭，融资1个亿，宣布要颠覆中国的餐饮业，等等。

我认为，这并不是真正的互联网思维、互联网模式。在我看来，互联网的“道”首先应该是4个关键词：一是用户至上；二是体验为王，产品和服务是基础；三是免费；四是颠覆式创新。

## 1. 用户至上

用户至上是互联网思维、互联网模式的基础。传统的生意，即便交易额再大，其本质也无非就是卖一个东西，然后一手交钱、一手交货。所以，在传统生意里面没有用户的概念，只有客户的概念，谁掏钱谁就是客户。很多企业通过广告把客户忽悠来了，然后通过渠道、分销把商品卖给客户；卖完之后，这些企业恨不得客户再也不会来找他们。

很多传统企业在转型的时候都会问我，怎么把现在的生意转成在互联网上卖东西。我告诉他们这挺难的，首先要想一下能在互联网上做什么事，这件事有可能赚钱，有可能不赚钱，但是你要知道有什么人会用你的服务和产品，从而跟用户建立一个长期关系。

互联网重视用户关系，是因为互联网企业刚刚开始的时候不懂得怎么赚钱，就是一帮人从美国风险投资那里骗了一点钱，然后发现在世界杯期间看《体坛周报》要花钱，但通过网站可以不用花钱。反正大家都不知道怎么挣钱，就知道免费看。

但因为免费，所以用户黏度并不高，鼠标一点，如果觉得体验不好，可能就从新浪跳到搜狐了。所以刚开始的时候大家都努力把体验做得很好，恨不得用户每天都来看。这个时候的互联网企业，创造了一个模式，就是先为自己找到一批用户，这些用户愿意用你的产品和服务，而且跟你保持长期联系，这成为互联网所有产业模式的基础。

此后，互联网经过发展，产生了大概3种赚钱方式：卖东西、增值服务、广告。卖东西之中，卖有形的东西叫电商，卖无形的东西叫O2O；增值服务，举个例子就是游戏，不向基础玩家收费，但会通过提供增值服务来收费；做广告很简单，就是用的人多了之后，一旦有人来打广告，那么就可以收广告费了，当然前提是要有足够的流量，也就是说，要有足够多的用户。

所以，我们完全可以得出一个结论——用户是所有互联网思维、互联网模式的基础。每个人都是商人，每个人都要对企业和投资人负责。我们要想在互联网领域赚到钱，那么给用户创造的价值越大，我们的基础就越牢靠，能建立的商业价值也就越大。反之，我们绝对见不到这样的例子——一个企业或者一个人，不给用户创造价值，用户对其反感至极，一提起来就头疼，这个企业或者个人还能赚很多钱。因为现在互联网用户的选择权太大了。以往，你坐在出租车上面，前排座椅背面放一个屏幕，不能关，你没有别的选择，只能被迫去看；在电梯中也是一样，我们也无法选择播放的内容，所以很多人等电梯的时候只能被迫去看。但今天不一样了，用户有选择权了。你还放？好！你放你的，我看手机，不看屏幕。总之，用户有了选择权之后，完全可以自己选择用或者不用、看或者不看。所以，在互联网领域，要想找到自己的位置和价值，首先一定要把用户服务好，并且一定不能做伤害用户的事情。

很多早期的公司，像脸谱网、谷歌、推特（Twitter）和新浪微博等，最开始的时候真的不知道怎么赚钱，也看不到盈利模式。所以很多人觉得互联网没有价值。当然，等发展到最后，公司盈利也让很多传统投资人大跌眼镜。

比如腾讯，早期有个投资人叫李泽楷，就是李嘉诚的儿子，如果当年他不卖手中的腾讯股票，那么今天他的财富可能会超过他的父亲。但是他很早就把股票卖了，因为那个时候，大家没有总结这个规律，因此虽然也都觉得这个东西好，每个年轻人都在用，但就是不知道怎么赚钱，所以放弃了。

毫无疑问，互联网商业模式不能简单地等同于挣钱模式，而是要先等同于用户模式。也就是说，要先把用户凝聚、召集起来，然后才可以通过不同的方式挣钱。这是互联网非常重要的哲学，很多传统老板摔跟头都摔在这个上面。

滴滴打车和快的打车[①]却是另类。它们帮用户打车、叫车，在这个过程中，出租车公司不会给它们钱，出租车司机也不会给它们钱，甚至它们自己还要花钱进行补贴。它们这么做就是为了凝聚用户。如果当我们每个人要叫车时只用这个软件，那么它们就变成了全国最大的租车公司，传统出租车公司反而就没有活路了，只能来讨好它们——“一天有 1 亿人叫车，你能不能分一些单给我，我可以提供 50 辆车供你调度……”

这其实就是大家疯狂占领用户的原因，大家不是傻子，也没有“天下大同”主义情怀，而是为了凝聚用户，为今后更大的商业价值回报打牢基

① 两者已合并，并更名为滴滴出行。——编者注

础。所以，我和很多人讲，假如你要投资一家公司，那么在没有看清楚它的盈利模式的时候先不要着急。有些年轻人可能会跟领导说自己要做什么事情，领导可能就会反问他怎么赚钱，我觉得这其实是对创新的最大扼杀。这好比一个小朋友，他现在还小，还没办法赚钱，但这并不等于他没有价值，等他长大了自然就可以创造价值。所以，这个时候你要问他，他做的事对用户是否有价值，只要有这个基础，那么就能找到商业模式。

当年微信研发团队内部曾经就微信是否应该收费有过一个争论：运营商坚持认为提供通信服务就应该收钱，天天免费让用户聊天，这种亏本的买卖怎么能做呢？当时我就跟运营商说过，这些想法都是传统的思路，用互联网的思维来看微信是不应该收费的。就让人们免费用，欲罢不能，离不开甚至让人们连短信都不用了。等人们形成习惯之后，微信就可以找到无数赚钱的机会了。

只要理解用户至上，后面的东西都会迎刃而解。用户至上还有一个很重要的概念，就是你一定要想办法让用户与你建立连接。比如，今天所有传统卖电视的人一定打不过互联网电视，包括传统做手机的人也打不过小米。究其原因，你会发现，这些秉持用户至上理念的互联网企业根本不在乎卖这个硬件会赚多少钱，它们在乎的是把硬件卖给这个用户之后，用户可以跟我牢牢地建立连接。

大约在 2012 年，我在演讲中就提到过，腾讯做对了两件事情：第一，在微信里面推游戏，很多人在里面花钱买道具，结果一个游戏腾讯就会轻轻松松挣几十个亿；第二，当时我就预言，将来腾讯会成为中国最大的广告公司。现在微信朋友圈已经开始在推广告，这个广告太厉害了。你是谁、你的朋友是谁、你的社交关系有哪些、你每天聊多长时间、聊什么，腾讯都非常清楚，甚至可能有个男孩子跟女朋友聊得正开心时，突然弹出一个窗口，问他想买钻石送给她吗。这个时候你会觉得这是广告吗？恐怕非但不会，还会觉得腾讯太贴心了。所以未来它会有无处不在的广告，用户越多，它的价值就越大。你会发现这个商业价值要比运营商挣的那点通信费大多了。

所以，在要转型的时候，最重要的就是要跟你的用户建立连接。能建立连接，你就很牛。

## 2. 体验为王，产品和服务是基础

用户至上，获取用户很重要，但是怎么获取用户，怎么让用户尊敬我们、信任我们，我觉得最重要的就是要靠做体验。

体验简单来说，首先要满足两个要求。第一，体验一定要可被感知。比如，过去有很多公司在营销时很会忽悠人，主要就说产品的卖点。但是卖点在过去管用，因为广告存在的基础是信息不对称。当时你可以在央视打广告，说周鸿祎就是好、360 的产品就是好，这是可以的；但是当用户把你的产品买回家以后，好不好就是“谁用谁知道”的事情了，这个很难靠广告改变。所以，体验必须要靠真的把产品做好，用户用起来才能感觉到。

第二，体验一定要超出预期，这一点特别重要。现在是一个选择过剩的年代，产品同质化特别严重。过去我们卖的是功能和价值，但今天卖的是一种超越用户预期的能力。举一个最简单的例子，海底捞的口碑很好，但这并不是因为用户付给它一笔钱、吃了一次火锅，就告诉其他人说这个火锅好吃，而是因为它提供了很多超出预期的服务。

比如一个用户以合理的价格买了一个商品，用了之后觉得还可以，但没有超出预期，这种时候他可能就不会逢人就说这个商品好。但是，当很多人第一次看到苹果手机时，发现里面加了一个重力传感器，拿着手机摇来摇去，画面就会发生变化，两个手指头就可以操控翻页，这在原来的诺基亚手机上肯定是不存在的。这就是超越预期。有了这些超出预期的震撼，用户就会愿意到处跟别人说这个产品如何好，并且跟这家厂商建立一种商业之外的情感连接。

### 3. 免费

互联网领域，现在大家都在做免费。其实道理很简单，免费是获取用户的最佳手段。全世界人民都一样，一听说便宜或不要钱，马上都不理智了。并且，互联网里面很多东西都是虚拟的，实现免费相对容易。在现实世界大家会觉得免费很难，因为很多免费都是有条件的。比如我给大家免费送瓶酒，哪怕这个酒是水兑的，多送一个人也要多走一次物流、多花一道手续费，所以我送的人越多，成本就越高，这个模式就难以为继。所以现实中免费只是营销手段，免费很难成为一种持续的模式。

以往，免费在全世界都可能会被认为是一种骗人的手段。比如有一天小区门口敲锣打鼓来了一群老中医，说可以免费看病，很多人就会怀疑，是不是为了推销产品啊，是不是卖假药的啊。但是在互联网上不一样，假如你做一个互联网产品或服务，成本是固定的，做软件花了20万元，做网站花了100万元，但是用的人越多，成本就越低。在这种情况下，你可以靠广告赚钱，可以通过干别的赚钱。

所以，免费不仅不是噱头，它还有可能会建立一个健康的商业模式。但同时，免费也是一把“双刃剑”：当你用免费来冲击别人的时候，它是一种非常有效的手段；但是当别人免费的时候，你也会特别尴尬——如果你不免费，用户就被别人抢走了；但如果你免费，收入就没了，这是一件非常痛苦的事情。所以，在互联网领域，很多公司成于免费，也败于免费。

## 4. 颠覆式创新

我推荐大家一定要看看《颠覆式创新》（李善友著）这本书，里面讲得非常好。后来我自己总结了一下，觉得颠覆式创新最常见的形式有两种。第一种是我们这些企业干不了的，一是我们小，二是我们不是高科技企业，比如有人发明了常温核聚变，有人发明了3D打印机，这些都是了不起的伟大发明，它们能够改变世界。第二种是我们每个人都能做的，比如用户体验的创新、商业模式的创新等。

用户体验的创新很好理解。举个例子，以前我们在路边打车，如果出租车迟迟不来，并且不知道什么时候会来，我们的心情可想而知。但现在有了打车软件，我们不仅可以成功预约车辆，还能知道它何时会到达，这就改变了用户体验过程。

商业模式的创新，其实现在很多企业也都在进行。比如过去几年轰轰烈烈的小米手机，我觉得它最伟大的成功之处就是商业模式和营销模式的创新。小米 1，为发烧友而生，今天回过头看设计得很一般，但当时有很多人买。小米双核手机仅需 1999 元，这在相当长的时间内是性价比最牛的手机。同样是双核手机，当时国外有的品牌卖 6000 元，国产品牌中有的卖 4000 元，小米却卖 1999 元。雷总说这个跟苹果差不多，所以我就买了，这就是用户的心理。所以，千万不要小看这种所谓“收费变便宜”的商业模式创新。

所以，我总结了一下，今天每一个人、每一个企业其实都可以去创新。创新不一定要花很多钱或者要弄很多专利，也不是弄一个研究院，或者在美国弄一些专家学者、教授导师回来才叫创新。特别是很多年轻创业者，你们就是互联网主流用户，最了解互联网用户的想法，因此不妨从自己的角度出发，看能不能把体验做得更好，或者能不能把收费的东西变成便宜的东西甚至完全免费，这样你就有可能在这个行业里做出颠覆性的创新。

## 传统企业面临的危与机

当下，很多人必谈“互联网思维”，但与此同时，又有另一部分人认为互联网思维是彻头彻尾的伪命题。在我看来，互联网思维当然是存在的。那些从根本上否认互联网思维存在的人，我认为他们并没有认真进行思考。

互联网改变了人类的连接关系，成为人类有史以来最大的颠覆力量，这是一个特殊的存在。万事万物必有其规律和规则可循。互联网自诞生之日起，不仅生存了下来，而且颠覆了很多传统企业，昭示出巨大的力量，这其中必然也有自己独特的规则。在这方面，传统企业必须有这个认知，同时，也必须在看到危机的同时找到转型和连接的机会。

当然，很多传统企业也明白在万物互联的今天必须转型，但实事求是地讲，传统企业只靠自己的力量单独完成转型的过程会异常艰难。在这方面，我主要推荐 3 种方式：一是跟互联网企业合作，比如奇虎 360 等；二是内部孵化；三是走出去多做投资。

### 1. 跟互联网企业合作

这个很好理解，就是要引进外面的互联网思维、知识和技术，完成对自己的改造，让互联网和自身的传统特质发生化学反应。

### 2. 内部孵化

我们知道互联网领域决定竞争结果最重要的因素不是体量，而是创新、速度和执行力，是以快打慢。

> 华为在做 2B（对商）业务时，可以慢慢打，可以是斯巴达方阵。联想卖电脑，走的也是这个路数。以往这都行得通，因为做 2B 变化很慢，企业可以慢慢地、一步一个脚印地去做。但是今天，为了做 2C（对客），华为把荣耀独立出来，联想让中国区的负责人独立出来做一个神奇工厂，要做互联网手机。这个过程中，其实它们都听了我很多建议。

在我看来，未来的互联网领域，创新将不仅仅是产品体验的创新，也不仅仅是商业模式的创新。也就是说，未来的创新，还将包括企业架构的创新。在这种形势下，企业必须能屈能伸，可能既要像大象一样体量庞大，又要保持老虎一样的敏锐。在具体操作上，除了大而化小，让优秀的、具备创业者情怀的核心骨干带领一个个优秀的创业团队往前冲，没有别的办法。

我们现在都知道微信对腾讯的重要意义，但如果张小龙不具备这种创业者的情怀和素养，并且远在腾讯势力范围之外的广州，带领研发团队进行创新，那么今天的腾讯，可能正如马化腾自己所说，就是“倒下的巨人，身体还是暖的”。

### 3. 走出去多做投资

我有不少做传统企业的朋友，他们之中有些人买一架私人飞机要花很多钱，去外面豪赌一次也要很多钱，我对此很反感。在我看来，与其把钱花在这些地方，不如拿出500万元、1000万元去做天使投资。你把钱投给那些互联网创业团队，还可以认识一些做互联网的年轻人。即便投资失败，这些钱也权当交朋友的花销了。

最重要的是，这些年轻人和创业团队可能缺乏资源，但是他们懂互联网思维。你的资源和他们的互联网思维一对接，就有可能发生化学反应。因此传统企业老板只要能下定决心改变自己的基因，他们其实是完全可以完成转型的。

此外，在互联网思维的运用上，传统企业可以秉持一个最基本的方法论，就是先问自己一个问题——你能不能做一些对用户有意义的事情，能不能跟用户建立直接联系。这种直接联系比企业今天赚多少钱都重要，因为企业只有和用户之间建立这种直接、紧密的联系，未来才会有挣钱和生存的机会。这给传统企业的启示就是，我们必须要在思想上进行转变。

总之，在未来，很多传统公司会直接转变基因——原来做PC的，会突然去做硬件；原来的传统企业突然转型成为互联网企业，这不是不可能的。和互联网企业合作或者内部进行孵化、外部进行投资，采用这种合纵连横的战略，打造一系列创业小团队，反而更容易成功。这是我的理解，以及对未来传统公司走向的一个基本判断。

## 客户不等于用户

在我看来，传统企业要想转型，要想拥抱互联网，首先需要转变观念。而第一个需要转变的就是把客户概念变成用户概念。当然，这里的区别可不仅仅是付不付钱这么简单。

传统行业虽然产品业务很复杂，但是商业模式却很简单！无论多么复杂多变的业态、多么眼花缭乱的组织结构，最后都要归结到一点，那就是要把产品卖出去。而卖的对象不管是张三还是李四，谁掏钱谁就是客户，谁就是衣食父母。所以，传统企业有一个根深蒂固的观念，客户是上帝，客户永远是对的。

但在我看来，如果企业心中只有客户的概念，那么就很难转型成为互联网公司。因为很多企业和客户之间都是单次交易行为，没有情感，没有交互，没有对彼此的影响和信任。这种关系，显然并不符合互联网企业对用户的期待。

## 1. 用户的概念

到底什么是用户？用户和客户有什么区别？这都是大家经常讨论的问题。在我看来，用户需要满足以下 3 个特征，才能称为用户：

（1）用户不见得向你掏钱；

（2）用户要经常性地用你的服务或产品；

（3）用户要和企业之间有连接、有交互。

这是用户的特征，其实也是用户区别于客户的地方，所以我们经常说——做客户容易，做用户难。

## 2. 离用户越近、与用户黏度越高的厂商越有价值

> 我们去书店买书，会关心这本书的作者是谁、主要内容是什么，但不会关心这本书是在哪里印刷的，也不会关心印刷的纸是来自南美雨林的哪一块木头。所以，造纸厂的大哥可能会非常不服气——“没有我们的纸，没有印刷厂大姐的印刷，书出不来！”
>
> 道理确实如此，但从整个价值链的角度来看，纸和印刷恰恰属于价值链的末端，它们可以被替代，所以造纸厂和印刷厂永远只能拿最微薄的那一部分利润。

同样的道理，用户至上不是一句空话。有了用户之后，就可以产生连

接，就可以产生大数据，就可以有后续的商业模式和利润。可以说，用户才是王牌，有了这张王牌，那么手里的其他牌可以说怎么打都有理。

## 3. 鉴别互联网转型的骗子

无论是要把一家传统公司转型成为互联网企业，还是要把一个传统行业和互联网结合，抑或是借助互联网创业，你都需要走好第一步。这一步绝不是谁给你提出一个战略，告诉你企业该如何做互联网转型。要我说，谁给你提这样的战略，告诉你未来5年怎么做，那都是在骗人！他们给出的互联网战略，往往都能代表整个互联网的发展历程，整体来讲，大而空。如果按照这个战略做互联网转型，挥刀自宫肯定会失血而死。

也有很多传统企业问过我关于转型的问题，我的回答很客观，我解决不了3年以后的事情。我是一个坚定的“原教旨主义者”，所以我告诉他们，3年之后，你要做的只有一件事，就是做好一个产品，然后利用它去吸引用户。

## 我的从 0 到 1

从 0 到 1，这也是万物互联时代经常提到的一个短语。从本质上讲，这个短语有两个含义：其一，做从来没有做过的事，但这种机会很难找到；其二，把别人做过的事换一种方式重新做。

比如，苹果重新定义了智能手机和MP3 播放器，这是从 0 到 1；我第一个用免费的方式做杀毒软件，这其实也是从 0 到 1。后来，我做摄像机和手机，其实都希望用一种别人没用过的方式，做到从 0 到 1。

从整个互联网领域来看，我们所称道的很多成功企业，其实也都是循着第二条路径走向成功的。

### 1. 优步

前面提到过优步模式，优步这家公司挺能折腾的。我有一次见了它的CEO（首席执行官），特别高兴地跟他合影，因为他在国外被认为是最大的麻烦制造者，我就喜欢这样的人。我跟他讲："我在中国曾经被巨头认为是麻烦制造者，他们总是骂我。现在您来了，您在全世界制造的麻烦比我多，所以这个'麻烦制造者'的称号就送给您了。"

当然，这只是开玩笑。但如果我们认真观察一下优步就会发现，优步模式的创新不是它发明了一种新的无人驾驶汽车，也不是它发明了一种新型燃料汽车。事实上，优步不是爱迪生，它没有发明任何东西。但是它针对传统的出租车行业，或者说对我们传统的"黑车行业"做了一次改造。

为了研究优步模式，我在美国专门尝试过它的模式。结果，尝试过后，我突然觉得这不就是我们的黑车嘛，就是用户拿手机一召唤，黑车司机就来了，整个过程价格比较便宜，服务还比较好，最后把我拉到目的地。可以说，在美国，只要有车，就可以成为一个专车司机。

这其实就是我讲的创新。创新并不意味你要像特斯拉一样发明电动车，也并不意味着你把车的动力来源从石油改成氢燃料。这些事对很多小公司和初级创业者来说，第一想不到，第二做不到。但是我们可以去改变一个行业的游戏规则，改变它的用户体验。

然后我们再看一看当年优步是怎么做起来的。其实很简单，就是因为优步的创始人也曾经历过打不到车的尴尬。想一想，我们是不是也都有过这样的经历：站在路边各种招手，一辆辆出租车从你身边呼啸而过，但就是没有一辆停下。特别是出租车交班时间，即便有空车也去忙着交班了，没有人停车。这个时候，我们是不是特别挫败？是不是特别沮丧？我想答案一定是肯定的。

所以，优步利用手机技术，把有车的人、在路上跑的车和在路边等车的人三者连接在一起，这其实就是它做的创新。这个创新也不是来自某个宏大的概念，也不叫O2O——优步从来不把自己的模式叫O2O，在美国这都是骂人的词，因为他们不明白这个概念。优步就起源于一个最原始的想法——我能不能打到车，不管专车、黑车，只要能把我拉到目的地、只要便宜又安全就足够了。

## 2. Airbnb

Airbnb是美国的一家网站，它没有创建新的酒店品牌，也没有自己去盖五星级酒店，而是把有房子的人和想要住宿的人通过互联网连接在一起。也就是说，假如小A家里有空闲的房子或者空闲的床，而小B是个留学生，在当地没有房子，又不想住酒店，那么小B就可以住到小A家里去。

当然，这个模式目前在中国可能还不一定能行得通，因为我们还需要考虑安全问题，但在美国以及世界上其他一些国家，这种模式已经很成功了。

## 3. 小米

很多人都觉得奇虎360和小米是竞争对手，所以我们之间的关系并不友好。但事实并非如此，我非但不排斥小米的所作所为，而且还是小米模式的一个狂热拥护者。

今天雷军和小米已经成功地从一片红海中杀出来，打败了国内绝大多数手机厂商。探究其成功的奥秘，我们可以发现，虽然雷军成功了，但是他其实并没有发明手机，也没有什么通信方面的专利。在技术方面，他们的优势也并不是特别明显，他们既不能生产CPU，也不能生产屏幕。排除了这些之后，我们可以发现，雷军和小米的成功主要得益于他们在互联网领域做了以下两件事。

第一，改进体验。比如当年安卓的3.0版本，其实用起来的体验并不好，当时最好用的还是iOS（苹果移动操作系统）。这时，小米做了一件事情——模仿iOS。其实在中国创业，模仿苹果是一个不二法门，怎么做都不会错。所以这样做了之后，小米手机有了苹果操作系统一样的体验。当然，在今天，无论是华为、中兴，还是魅族，大家其实都在做这样的事；但在当年，小米是第一个。

第二，突破模式。小米在商业模式上也做了一个改变。当年，所有高配置的手机，价格都很高。小米又是第一个喊出“双核，1999”这一广告语的企业。当然，到了今天，如果有人告诉你双核手机只卖1999元，你绝对不会买；但是在四五年前，这样的配置和价钱，的确算是性价比最高的。

事实上，雷军和小米就是做对了这两件事情，然后小米手机就变成了热销产品。

当然，把别人做过的事换一种方式重新做，这跟简单模仿、复制别人的产品或服务不同。当下，有太多的人习惯或者想要复制别人。比如看到巨头把某件事或者某个产品做成功了，自己就跟风再模仿一遍。虽然在这些已经被巨头证明了的市场上，模仿看似最简单，也最容易成功，但实际上，成功的概率也最低。没有资源，没有实力，更没办法跟巨头竞争，因此，在这样的市场上，后进的创业者往往没有机会。

所以一定要从 0 到 1，做未来的事，而且你做事的方法一定要跟现有的方式相反，比如，别人的产品很复杂、使用过程很麻烦，那么你就要把产品做得更简便。

> 我在做奇酷手机时，需要开发操作系统，这本身并不是一件新鲜事。但是在以往常见的手机系统中，手机厂商们往往更愿意做加法，因此手机里的软件也越来越多、越来越复杂。相应地，手机用了一段时间后，就会越来越慢、越来越卡，有时莫名其妙就没电了，有时越用越热，甚至放到裤兜里都会特别担心。这种情况下，如果比谁的功能多、软件多，那我们一定比不过他们。所以我们就另辟蹊径，比谁的系统更净、更快、更省电，比谁的手机用了一年之后，依旧不卡不慢，玩游戏、看视频更爽、更刺激。

这是我们当初开发手机操作系统时的做法。对其他企业，要想做到从 0 到 1，其实方法也就有 3 种：

（1）找一个别人没有做过的领域，用互联网思维去提高那个市场的效率；

（2）颠覆或者改变整个市场的用户体验，比如把东西做得越来越简单、越来越好用等；

（3）颠覆以往的商业模式，比如别人的产品很贵，你的产品很便宜；别人的服务收费，你的服务免费。

基本上，这 3 种方法屡试不爽。

# 我所理解的O2O

O2O，顾名思义，它首先必须包含两个部分：一个是线上，一个是线下。究其本质，我们可以发现，它说到底还是“互联网+”，就是要用互联网行业的思维和模式去改造传统行业。其难点不仅在于要懂得互联网技术，而且还必须掌握传统行业的游戏规则。

以上门美甲和上门按摩等为例，只要懂得互联网思维、互联网技术，那么就可以把互联网部分（也就是线上部分）搞定。但是美甲师傅、按摩师傅的服务质量如何，这恐怕就不是简单的技术、数据或者算法可以解决的问题了。所以，做O2O的企业还必须组织并培训这些人（甚至要做的远比这多得多），然后通过这些工作保证服务质量。

优步模式出现之后，很多人试图把这种模式扩大，将其用在其他很多领域中。但是我们必须明白，即便优步在出租车行业率先突围，但这并不等于优步模式就是放之四海而皆准的真理。

总结一下，优步模式其实有以下两个最主要的特点。

第一，令用户满意的标准化服务。优步提供的是用户相对容易接受并且也容易实现标准化的服务。这是一个很聪明的切入点。打一辆车，从A点坐到B点，只要司机师傅开得不是太差、服务态度还可以，并且车子本身不是太脏，那么用户基本就可以接受。而上门美甲、上门按摩等行业，相较于出租车行业，想要获得用户的满意度并提供标准化服务，其难度则要大很多。

第二，最大限度连接资源。优步模式的第二个特点就是其所连接的资源十分丰富。这有很大一部分原因是行业因素。在优步模式中，一个人只要会开车，只要不是太不认识路，那么就可以加入优步平台。可以说，行业属性降低了资源门槛，使更多的人、车和资源可以连接起来。

但是其他很多行业却不同于出租车行业，必须有专业人士才能操作。以医疗行业为例，即便医疗服务平台做得再好、再大，但医生和医疗资源毕竟是有限且匮乏的，这恰恰是互联网思维和技术都解决不了的问题。所以，基于行业的特殊性，我们千万不可以试图把一切都优步化。

除了要掌握传统行业的游戏规则，做好线下工作之外，O2O企业还有一点要注意，那就是补贴。补贴也是O2O领域的一大特点。我个人做过免费，但没有做过补贴，所以对此有些不理解。在我看来，如果一直补贴，那么很可能就会使成本居高不下，很可能每赚1元就需要5元的成本。做到最后，可能就变成了资本驱动型模式，变成了烧钱模式。在这种情况下，如果能一直通过融资拿到钱，那么生意就能一直做下去；相反，钱烧没了，可能生意也就做不下去了。

当然，我这样说，不是说补贴模式就一定不好。事实上，想要判断一个业务或者行业是否可以用补贴这种模式，主要要看以下两点。

### 1. 通过补贴，能否养成用户的使用习惯

如果像优步和滴滴出行一样，通过补贴到一定阶段，用户就会养成使用习惯；即便不继续补贴，用户也会继续使用，那么这种业务就可以使用补贴策略。

相反，如果你补贴，我就用，你停止补贴，我就改弦更张，那么这个策略就不适合。以视频网站为例，用户看视频，通常都是哪个网站的内容好、节目好，就上哪个网站看。所以他们可能今天上这个网站，明天就用另外一个网站。也就是说，视频网站的用户忠诚度并不高。对于视频网站来讲，真正有价值的不是平台，而是内容。

### 2. 通过补贴，能否消灭对手

不少公司试图采用补贴的方式，把竞争对手拖垮；但只要还有对手，补贴就不能停。因此，这也引发了细分市场上领先公司的合并，它们觉得一合并就没有对手了。这同样是有问题的。

实事求是地讲，行业补贴我也看不太懂。但显而易见的是，这种策略简单粗暴，看似威力无穷，能最快、最直接地达到目的，但同时也存在一些问题。我不敢说自己的理解全部都对，但仍希望能对当下这种模式的盛行提供一些有益的思考。

第五章

# 创业维艰，唯创不变

创业其实是一种心态，是大家为了实现一个目标，孜孜不倦地去追求，想方设法地去突破，永远热血沸腾，永不满足现状，即便经历过三番五次的跌倒打击、经历过漫漫长夜的抱头痛哭、经历过内心的孤寂与寒冷，也依旧能够不忘初心、咬牙前行。

创业本就是九死一生的事情。现在进入我们视线的，往往都是一些比较成功的企业。但我们必须知道，在这些企业的荣耀背后，一定还有100家不成功的企业。而且这些不成功的企业的创始人，也曾经和我们一样聪明、一样勤奋、一样有激情。

## 创业是一种态度

现在，创业的人很多，但很显然，很多人对创业并不理解，或者说对创业的理解存在误区。有些人觉得创业就是找几个哥们儿合伙开一家公司，然后印几盒名片，我叫董事局主席，你叫首席执行官，甚至三姑、二大爷，八竿子打不着的同学头上都顶着“C×O”的头衔，名字很洋气。如果认为这就是创业，那就大错特错了。

在我看来，创业其实是一种心态，是大家为了实现一个目标，孜孜不倦地去追求，想方设法地去突破，永远热血沸腾，永不满足现状，这才是创业。如果你是一个计算机专业的在校大学生，如果你不满足于修够学分，更不满足于考试及格，而是用了很多时间和精力去研究软件，提升自己的编程能力，这其实就是创业心态。学习如此，工作也是如此。能够勇敢地正视问题，积极地解决问题，并且敢于承担未来的风险，其实也是一种创业心态。

相反，如果我们仅仅把创业理解成今天注册一家公司，明天公司就能上市，后天公司市值赶超脸谱网，那很遗憾，我从来没有见过这样就能“创业”成功的例子。天底下没有一帆风顺的事。我们知道，即便把一个人放到一个一马平川的大草原上，让他凭着感觉沿着直线走，最后从高空看他的足迹，也是弯曲的。创业也是一样，虽然我们心里都有目标，但是从出发点到目的地不会是一条直线，你必须解决一个又一个实际问题。

中国当下的创业环境更是如此。特别是在企业初创时期，如果创业者没有经验、没有资源，那么很多创新、创意或者想法可能就会胎死腹中。所以我一直强调，刚毕业的大学生最好先不要头脑一热就创业。如果有创业的心态和想法，那么不妨加入一家创业公司，甚至加入一家风险很大的种子公司，去学习并感受创业。

很多人不理解，觉得加入别人的公司，就变成了给别人打工，工作状态自然跟自己创业不一样，更不需要什么创业心态。要我说，如果你认为自己就是个打工仔，那你一辈子都会是打工仔。别人怎么看，并不重要。重要的是，你一定不能把自己只当成一个打工仔。我们完全可以换个角度想一下——我们拿着老板的工资，企业替我们交学费，让我们提升能力、积累经验。

不仅如此，在这个过程中，我们还会遇到各种产品经理、技术高手甚至公司的创始人，我们可以从他们那里学习成功的经验，以及失败的教训。如果你加入的公司两年之后倒闭了，那么恭喜你，你一分钱没花，就参与了一个企业从生到死的全过程，以后你就可以避免自己重蹈覆辙。这恐怕比你拿高工资、进名企更有价值。

有人觉得，在大公司、名企工作，更了不起。这其实都是虚荣心，一点儿实际意义也没有。我一直强调，如果你怀着创业的心态，那么你在任何状态下的工作都可以叫创业。等到有一天，当你创办公司的欲望足够强烈时，就会发现，人各有所长。并且通过这一段时间的“打工”经历，你会更加明确自己具备哪些特质和潜力，可能会发现自己根本不适合做CEO，而更有可能成为一个CTO（首席技术官），或者是一个很优秀的销售总监。这时，你不仅找到了自己的位置，而且会更明确自己应该找什么样的人与你优势互补，合伙创业。

还有非常关键的一点，我觉得这个世界上有两类人，其中一类人非常罕见，他们有领导力，有领袖风范，只要给他们一个合适的时机，他们就能组建一个团队、搭起一个平台。他们其实就是最适合创业的人。但很遗憾，绝大多数人并不属于此类。

但是，当不了创业企业老板并不意味着不能分享创业的荣耀。创业企业老板要想有所成就，不能是光杆司令、孤胆英雄，而是需要合伙人和创业团队。对于绝大多数人来说，可能一辈子都没办法当上企业老板，但我们有机会加入一家创业公司，追随那些创业企业的领导者，跟他们一起感受创业的过程，分享创业的荣耀。

电影《超能陆战队》讲了一个道理，6个朋友各有缺点，谁都不完美，但是没关系，大家团结在一起，照样可以做一件大事。所以如果我们去硅谷，就会发现，即便你不是创始人，不是企业老板，但只要你做出成就，那么你同样是一个“创业者”。比如在谷歌，无论是第50个员工，还是第100个员工，只要他是一个关键人物，只要他做出了突出贡献，那么他就可以赢得别人的尊重。

> 我有一次去硅谷，特意拜访了一个叫鲁宾的人，他不是企业老板，但他发明了安卓系统。见面之后，我首先对他表示了感谢，告诉他，如果没有他，就没有安卓；没有安卓，中国的手机行业就不可能这么发达。
>
> 然后鲁宾跟我分享了自己的故事。当年他自己做了一家小公司，其产品已经具备了安卓的雏形，但是当他拿着产品去三星时，被三星耻笑了一番，之后三星把他赶了出去。最后，他带着产品和团队加入了谷歌，这才有了后来的成就。

回过头来想一想，如果鲁宾当时狭隘地认为老子就得自己干，我就要自己当公司的CEO，那么可能安卓还会是一个好产品，但是由于公司缺乏足够的财力和影响力，安卓就不会成为今天改变世界的一个系统和产品。鲁宾加入了谷歌，用谷歌的影响力和资源，硬是把安卓在当年的诺基亚、微软和苹果iOS面前做成了一个世界上用户最多的手机操作系统，而且改变了整个无线互联网的格局。

所以我跟很多年轻的朋友说过：“如果你真的要去创业，我希望你的创业目的、出发点一定是要做一个有价值的产品，而不是为了短期内解决自己的生存问题。如果你真有这样一种梦想，那么就不会太拘泥于创业的形式。”

> 我25岁大学毕业，到现在近20年了，来北京也差不多20年了，我自己就是这样坚持走过来的。对我来说，无论是当年在方正做一个小程序员，还是后来自己创业，然后把公司卖给雅虎，在雅虎做所谓的外企职业经理人；无论是做风险投资、投资合伙人，还是自己创办奇虎360，抑或是我今天正在做的这些事，其实我都觉得自己是在创业，我一直走在创业的路上。

今天移动互联网、万物互联等各种概念和时代更迭迅速，对我来说也需要一个重新学习和积累的过程，我依然会保持一个创业者的状态。因为我觉得只要有一种创业者的心态，就能让自己保持创业激情，保持每天都在努力。

所以，我不主张大家一定要马上出来创业，或者马上注册成立一家公司，那只是一个形式。我主张或者鼓励创业，其实是鼓励大家培养创业精神。美国硅谷天然具备创业土壤，但那里的很多人不是先装模作样地成立一家公司，而是在家里的车库，利用业余时间研发产品，这也是创业的一部分。

在真正创业的时候，我希望所有的创业者，无论遇到诱惑，还是遇到挑战，都能记住我经常说的那句话——拒绝平庸，与众不同。我不是在传授成功学，而是希望大家都能够在心里更加明确未来几年自己想要的到底是什么。既然已经成为创业者，你就不能随波逐流，更不能耐不住寂寞。相反，你必须具备一种韧劲，即便经历过三番五次的跌倒打击、经历过漫漫长夜的抱头痛哭、经历过内心的孤寂与寒冷，也依旧能够不忘初心、咬牙前行，这样，经过 5 年、8 年、10 年的探索和努力，你才可能成为中国新一代的企业家、创新领袖和商业领袖。

# 大学生不太适合创业

刚毕业或者还在校的大学生，到底是否应该创业，这其实是一个比较敏感的话题。出于种种原因，现在很多人都在号召大学生创业。但在我看来，大学生真的不适合一毕业或者还没毕业就创业。

当然，我这里所说的创业，不是前面提到的创业心态，而是说成立一家公司，自己当CEO、女朋友当CFO、睡在上铺的兄弟当CTO、全宿舍都是“C×O”……如果这就是创业，那我不建议大学生去做这样的事。

当下，在中国注册一家公司很容易，但这其实只是万里长征的第一步，后续你要把想法变成产品，把产品变成商品，还要把商品推出去，让更多的人使用、接受并认可它。而这些，对于年轻人来说，都是非常大的挑战。

### 1. 创业就像买彩票，中大奖的概率太小

世界上最不缺乏的就是激情和欲望，特别是在想要创业的这一部分人

群中。但是可以断言的是，不管你的创业激情和欲望多么强烈，创业成功的概率也不会因为它们而有所提高。这其中，我们的确会看到一些所谓的在校大学生创业成功的例子，我个人也的确投资了一些。但即便这样，我仍旧认为这就跟我们花两块钱买彩票，渴望中500万元大奖一样，是一个小概率事件。

创业本就是九死一生的事情。现在进入我们视线的，往往都是一些比较成功的企业。但我们必须知道，在这些企业的荣耀背后，一定还有100家不成功的企业。而且这些不成功的企业的创始人，也曾经和我们一样聪明、一样勤奋、一样有激情。

除此之外，创业成功也是一件很偶然的事，别人成功了并不等于所有人都可以成功。在我看来，今天被大家热捧的90后、95后创业英雄，以及我们所熟知的行业大佬，这些人的成功至少有一半是偶然的好运气在起作用。这些人更多的只是在合适的时间，不小心做了一件正确的事，甚至包括我自己也是如此。对于绝大多数人来说，如果没有足够的积累，就贸然成立一家公司，我觉得风险要比机会大得多。

## 2. 创业前，要知道自己缺什么

当然，我强调大学生不要一毕业就创业并不等于不可以为将来创业做准备。如果真想创业，真想做一件大事，那么从现在开始，就必须为创业做一些必要的准备。至于准备的内容，很简单，缺什么，就去补什么。

比如，还没有上大学之前，我的梦想就是创办一家自己的计算机公司。对应这个梦想，我知道自己首先应该做的准备就是去学编程。所以在选择学校的时候，我选了西安交通大学。原因很简单，就是它可以让我读计算机专业。此后，为了给将来管理公司做准备，我在读研究生的时候选了管理专业。

这就是我上学期间为创业所做的准备。现在看来，都是比较正确的选择。其实我在大学期间创办过两家公司，很遗憾，都算不上成功。当时，我虽然做出了成功的产品，但是根本不懂怎么管理一家公司。学校毕竟不是社会，就算是学生干部甚至学生会主席，可以管理的人也不过几百个。即便这样，还会有很多同学不听他们的。做公司，不但人数可能更多，而且人员构成也更复杂，需要招聘很多社会上的人。管理本身，就可能会让很多年轻人折戟翻船。

我毕业之后，在两次创业均告失败的情况下，我没有继续创业，而是去了北大方正。当时，北大方正是中国最大的软件公司，我去的目的很简单，也很直接，就是想了解一下一家软件公司究竟是怎么运作的。毫无疑问，这也是我为后来创业所做的一项重要准备。

### 3. 年轻人的创业梦，可以从加入创业公司开始

对于很多刚毕业的大学生，我想说，千万不要梦想一下子就去创办一家大公司。相比之下，我更建议大家找一家公司去打几年工，做一些必要

的准备。但有一点要注意，就是千万不要想着找一个“铁饭碗”。现在很多年轻人一毕业就想进国企、进外企，因为各方面都特别有保障。但我觉得，如果年轻人真去了这种地方，可能一辈子都学不会创业。

相反，如果你真想创业，真想为创业做准备，那么不妨加入创业公司。诚然，这意味着更高的风险、更多的不确定性，甚至这家创业企业倒闭之后，你还需要再去找其他工作。但也恰恰是这样的创业公司，可以给你提供更多锻炼的机会，也更能让你积累经验、总结教训。这才是永远的、最宝贵的财富。

所以，如果要判断一个人或者自己是否具备创业心态，那么不妨看看他或者自己在就业过程中能不能承担一些风险，承担一些不可预知的东西；能不能加入一家创业公司，或者民营公司，甚至能不能加入一些今天看起来好像在做不靠谱的事的公司；进去之后，还要看他或者自己能不能投入，进而学习如何做好产品和市场。

我觉得只要有一种创业心态，就能保持自己的激情和努力。每个人都有无限潜能，都有可能做一个伟大的产品，创办一家成功的公司，进而改变中国、改变世界。但在今天，更多的人只有潜力，没有实力。我们更需要通过一个学习创业的过程，把潜力变成一部分实力，然后提升自己的几个创业必备素质。

## 1. 创业一定要创新

我最喜欢的一句话叫“Think Different”，就是一定要跟别人不一样。从小接受的教育，使我们养成了一种从众心理。小时候，如果老师提出一个问题，那么我们常常会需要一个标准答案。如果我们的答案跟别人的不一样，那么就会被认为是错的。这种心理几乎毁掉了一代人。

在我看来，条条大路通罗马，也不是所有的问题都有一个标准答案。最重要的是，我们怎么才能找到那条跟别人不一样的路。

当年奇虎360在做杀毒软件的时候，很多人也在做，但是他们是在卖。市场讲究“人有我优，人优我廉”，所以有人觉得如果当年他们卖200元的时候，我们卖50元，这样我们可能做得更好。错了！事实是，即便当时我们卖25元，也不会比他们卖得更好。

现实情况是，在杀毒软件市场上，我们并不是第一家，而且当时市场已经基本被别人占领了。想要杀出重围，仅靠低价显然行不通。所以我们当时想了一个策略，就是现在大家都知道的“免费”。

这个策略公布之后，不仅对手认为我疯了，投资人也都认为我疯了。免费？不要钱？能不能别这么折腾公司啊？但后来我对投资人讲，除此之外，别无他法，我们必须跟竞争对手不一样，哪怕只有一点点不一样。事实上，正是因为这一点点不一样，我们才打败了所有竞争对手，成了当时中国软件安全领域的老大。

很多创业者在面对“创新”这个词的时候，更多的是在谈概念。我认为，不要去追概念，而是要多从身边的用户着手，看看他们身上还有哪些没有被满足的刚性需求；看看他们在使用已有产品的过程中，还有什么不方便、不舒服的地方。然后从这些小的点出发，我们就可以做出差异化和创新。

## 2. 改变用户体验

必须承认，绝大多数人其实都不是发明家，我也是如此。但这并不等于说我们在产品和服务创新上无能为力，相反，我们能而且应该在现有的东西上做一些改变，比如用户体验的改变、商业模式的改变等。

用户体验的改变，说白了就是让用户在使用产品或者服务的时候更加容易、更加简单。商业模式的改变直接点说就是别人收费我免费、别人很贵我很便宜。互联网行业所有成功的例子，几乎都可以纳入这两点改变。

举个例子，以前写博客的时候，最开始的三天我坚持写，但三天之后，坚持不下去了。后来我就想每周写一篇，结果两个星期之后又坚持不下去了。再后来，我想每个月写一篇，但两个月之后，我同样坚持不下去了——肚子里没货啊。

后来，不知道是谁对博客做了一点点改进，于是微博诞生了。相比博客，微博最牛的地方就是它只能写140个字，想多写都不行（当然后来可以发长微博了）。可能微博刚刚诞生的时候，大家还意识不到这是一个伟大的创新，甚至有人还会觉得140个字根本不够发挥。这就好比推特刚刚出现的时候，大家同样不以为然一样。

但事实上，只能发140个字，这太好了。一方面，这降低了写微博的难度；另一方面，大家只要大致浏览一下就能知道微博说的是什么，也就是说降低了受众接收信息的难度。结果，微博就这样变成了一个革命性的东西，颠覆了我们获取信息和新闻的方式。

我经常会用这类例子来激励自己和周围的人，你看！创新并没有想象的那么难。

### 3. 不要畏惧失败

今天的中国，创业浪潮风起云涌。但是每次去美国，对比一下，就会发现，中国还没有真正的硅谷（至少目前还没有）。在才智上，中国年轻人自然不比美国人逊色。但在创业这件事上，我们和他们仍存在很大的差距，我觉得一个很重要的因素就是文化差异。这种文化差异表现在创业或者说创新方面主要有两点：一是前面提到的我们的“从众心理”；二是我们对失败的畏惧心理。

我认为畏惧失败这一点对创业或者创新的影响很大。按照世俗的定义，我应该算是一个成功者。但这也只是世俗的定义，我自己并不这样想，甚至有时候我在内心中认为自己是一个最大的失败者。我在很多事情上栽过跟头，也做过很多错误的决策，但我认为最重要的一点是摔倒了之后，我没有畏惧失败，而是一定会再爬起来。在我看来，只有做一个不怕失败的人，并且能够从失败中总结经验教训，才能真正矢志不渝地坚持创业。

所有研究乔布斯的人都对他的成功顶礼膜拜。但如果认真地读一读《乔布斯传》，我们会发现，乔布斯也经历过人生的低谷——被苹果扫地出门后，他成了整个硅谷最大的失败者。后来，他创立了一家名叫NeXT的公司，它代表了乔布斯的期望。但事实上，NeXT做得并不怎么样。最终，直到乔布斯把NeXT卖给苹果，并重新返回苹果，他才赢得人生的第二次辉煌。

所以，我们应该形成一种新的价值观。在这种价值观之下，我们不再鄙视失败，更不会嘲笑失败；我们能够对这些失败者、对自己保持宽容的态度；我们乐见其成，但也不以失败为耻……如果真能做到这一点，我相信会有更多人愿意鼓起勇气去尝试创业和创新，去做一个了不起的产品。如果失败了，没关系，大不了我们把过去抹掉，从头再来。

当年，当我宣布要做手机的时候，外界不乏质疑之声，甚至有人觉得我纯粹是多此一举——你当年做奇虎360特供机都没有成功，为什么又要做手机呢？我当时的回答是“我任性，就想这么干”。但实际上，对我来说，做什么不重要，曾经失败过也不重要，重要的是从哪里跌倒就得从哪里爬起来。

所以，我给年轻人的建议就是，从现在开始，尝试接触创业、学习创业，将来可以参与创业、辅助别人创业。在这个过程中不要畏惧失败，要相信现在的很多失败对你的人生来说除了会积累经验之外，并不代表什么。即便看似一无所得，也没关系，至少你们还年轻，拥有大把的时间和机会。

## 台风没了，猪都会摔死

现在很多人都认为创投行业已经进入资本寒冬，对于企业来讲，融资变得异常艰难。我不这样认为。资本是否会进入，在我看来，最大程度地取决于项目的质量。不好的项目，早晚有一天会露馅。对应之前说的“站在风口上，猪都能飞起来”，现在的情况就应该是“台风没了，猪都会摔死”。但另一方面，好的项目，比如有技术含量的，比如真正创新的，依旧会受到投资人的追捧。

当下很多创业者的理解和行为也的确让我有些困惑，所以思考了半年之后，我希望提供以下几点建议。

### 1. 脱离产品谈融资是最错误的价值观

我一直坚信，从创业者的角度来看，中国并不缺少具备创新能力的人；从资本市场来看，我们今天也有很多钱。中国今天之所以依旧不能成为美国硅谷那样的世界创新中心，是因为我们欠缺的不是硬件。相反，我们所有外在条件都具备。我觉得唯一欠缺的就是价值观，也就是我们到底为什么创业。

在世俗的定义里，判断一个人创业是否成功，标准很单一，就是关注福布斯排行榜，看谁更有钱，看谁身价高，看谁的企业市值高。我觉得这种价值观对创业和创新来说，非常不利。

当下的媒体有一种倾向——更愿意天天去渲染那些创业英雄，它们不谈产品、不谈经验教训，而是将笔墨集中在谁融资多少、谁市值多少，似乎谁融到的钱多，谁就是英雄，谁市值高，谁就成功，甚至对公司的评价都脱离了产品本身。这是错误的价值观。

在我看来，对于整个创业和企业经营来说，融资只是手段，金额也只是一瞬间的数字，如果狭隘地把融资成功当成企业成功，那么我想现在很多人都已经成功了。这个标准显然有失公允。相比之下，我更愿意看到创业者在拿到钱之后，把心思放到产品研发和创新上，然后极力保证企业可以在市场上活下去，并且越活越好。

其实，不仅创业企业，就是大企业，如果盲目掉进估值、融资数额的陷阱里，也会忘记初心，偏离预先设计好的轨道。我一直强调要不忘初心，在我看来，对于企业来说，这个初心就是产品，任何企业要想成功都必须通过产品解决用户问题。初创企业，可能各方面资源都会短缺，商业模式也未必成型，但这些都不会妨碍投资人给你投资。但如果你没有产品，则注定没办法往前走。

## 2. 别将交流活动变成“邯郸学步”

如果一个创业者闭门造车，不去跟别人交流，那么他很可能会重蹈其他创业者失败的覆辙。所以，我不反对创业者出来参加各种活动，跟别人进行交流。但是，不知从哪一天开始，这种活动变味了，通过这些活动，创业者非但没有赚到钱，反倒给各类创业培训机构送了很多钱。

如果这些培训机构真的可以给创业者带来有益的帮助，也很正常，比如创业家牛文文的黑马会，这几年的确为创业者做了很多工作。但现实情况是，现在很多所谓的创业培训机构都是滥竽充数，原来做传销的、做大众培训的，现在招牌一改，就开始教大家什么是互联网思维。现在，这种培训活动和会议多如牛毛。在北、上、广、深，只要创业者愿意，一天参加四五个会是没有问题的。

另一方面，现在很多创业者在开会过程中，不自觉地就会产生一种错觉，觉得自己就是天之骄子，就是万众瞩目的中心。所以，自己的事情还没有做成，还没摸清什么门道，就频频到各种会上兜售自己的成功经验，讲自己创立的某个O2O模式或创新模式，不亦乐乎。我觉得这就有些过了。我的建议是，创业浪潮越热、越高涨，越应该有点儿定力，让自己冷静下来，和这样的活动保持适当的距离。

总之，对于创业者来说，适度地对外交流是可以的，并且也是必要的。

但我个人认为，创业者还是应该把更多的时间和精力放在团队、用户和产品上。如果还认不清这个道理，那么不妨问问自己，频繁参加交流活动真的能帮你解决创业中的问题吗？我想答案恐怕是否定的。所以与其如此，不如多想一想如何创新和研发产品。最重要的是，在听了别人兜售的成功经验或者培训知识后，千万要有自己的思考，不能听了就学。我管这叫东施效颦，当然，弄不好就是邯郸学步。

## 3. 互联网思维没有错，但不能盲目使用

刚开始研究O2O的时候，我吓坏了。很多企业老总都说老周过时了。

的确，O2O的很多模式，就是到了现在我也没有完全看懂，因为里面的有些东西用常识来做判断是行不通的。比如我前面提到的补贴，我做了很多年的免费，但现在他们青出于蓝而胜于蓝，不仅免费，还补贴了。

像邓锋、沈南鹏，他们都是VC，他们把几百亿美元投给了创业者，我开玩笑说这是国际主义精神。但实际上，这也是一种补贴。他们没有把几百亿美元留给自己，而是经由创业公司补贴给了北、上、广、深的人民。徐小平也是一样，他投了很多免费看电影、免费上门做按摩、免费做早餐的公司……看得我眼花心乱。

但后来，我想明白了，因为说真的人家不在乎挣钱，相反，通过这种方式把钱花出去，反而能融来更多的钱。但我觉得按照这种游戏规则玩，后面会变得非常不好玩。

有人可能会说："老周，你这么说话太不负责任了！你不是也赞同用户至上的吗？我们上门按摩、上门做饭，都是用户至上啊。"还有人可能会说："我不会长期免费下去，只是想通过免费+补贴的形式，让用户养成之前没有的习惯。"

针对这两点，我想大家可能存在误解。我所说的用户至上，是指要去研究用户的行为和习惯，然后顺势而为，这是产品成功的关键。而教育用户，让用户养成一个从来不会养成的习惯，这恰恰是比较困难的事情。还有人想通过免费把对手干掉，然后再改免费、补贴为收费。我可以负责任地说，用户一旦吃了免费的午餐，再想让他们回头是很难的。

从整个行业来看，这种过于激进的模式，也带来了大家能够感受到的泡沫。资本寒冬的泡沫之所以出现，就是因为大家急于求成，急切地希望把需要 10 年才能干成的事用 10 个月干成，再加上资本的压力、诱惑和绑架，很多动作、很多商业行为也就变形了。

所以，互联网思维没有错，但如何用、用在哪个领域、用到什么程度，是一些值得商榷的问题。

## 我会投资哪种创业者

做投资之后，常常会有人问我："老周，你会投资什么样的项目，会投资什么样的创业者啊？"其实，对于我来说，做天使投资是一件相对随意的事，常常是觉得哪些项目有点儿意思就投了。当然，这跟我对投资的态度有很大关系。对于投资，我从来没有进行过整体的战略布局，也从来没有要做一个企业帝国那么宏伟的架构和想法。我希望能够像凯鹏华盈（KPCB）或者红杉这两家硅谷的VC那样，投的都是有意思的企业，甚至一说起那些有意思的企业，基本都是它们投的。我也希望如此。

在处理跟创业者的关系时，虽然我说话风格直截了当，给人的感觉比较"强势"，但实际上在决策方面，我其实非常尊重创业者，在我投资的很多企业中，我甚至连董事都不是。在我看来，创业企业不太可能靠股东投票解决问题，也不太可能靠外部的投资人强行决定做或不做某件事。所以，我总是对创业者说："虽然我会给你建议，但你是CEO，你来做决定，因为这毕竟是你的企业，不是我的企业。”

这是很简单的道理。如果我希望一切都按自己的意志发展，自己决定一切事情，那我根本没必要投资别人，自己直接跳进去做就好。既然我选择了要投资，那就意味着我首先接受了一个事实——这个企业未来能否成功，不是取决于我，而是取决于创业者和创业团队是否能够不断成长。如果他们不成长，那么这个企业很难做得很大。所以，与其帮他们做决策，我更愿意花更多的时间和精力给他们讲做人、做事的道理，讲我过去的经验教训，然后通过这种循循善诱、谆谆教导的方式，帮助他们、影响他们，最终让他们能够真正成长和改变。

当然，不帮他们做决策并不等于我不会指出他们的问题，在这方面，我心直口快，看起来比较“强势”。有些年轻的创业者还不太成熟，所以还不能理解这种“强势”，这是我的坚持。我既然要投资这个企业，就需要对这个企业负一部分责任，当然需要指出问题、帮助更好地解决问题。其实这也正常，毕竟如果每个团队、每个企业都很完美，也就不需要我进行投资了。

但良药苦口，也正因为这个，很多找我投资的项目也就错过了合作机会，比如在投资迅雷之前，我就曾接触一家类似的企业，但最终因为存在分歧，没有谈成。所以，后来做天使投资时，我对创业者提出了三点要求，其实也是我的三个选择标准。

### 1. 学会承认自己还不是很牛

我们每个人都会有很多缺点，而且所处的行业也一直都在发生变化。如果你是完美、顶尖的创业人才，那么你早就成功了。

所以，在考虑是否要投资一家公司时，我首先会考察这个创业者是否具备自我反省、自我学习和自我提高的能力。同时，要考察他能不能听得了批评，能不能直面自己犯的错误，能不能修正自己。如果这个人特别固执、自负、自以为是，那么无论如何我也不会投资，因为这样的人即便因为运气成分会取得一些成绩，最终也不会把企业做大。

### 2. 胸怀开放，善于跟他人合作

对于创业者来说，合作精神非常重要，所以我们需要团队，也需要天使投资人。一个人如果做事习惯于独来独往，我觉得这样的人创业很难将企业做大，因为一个人很难成事。还有一些创业者找到我，希望我能在资金方面提供支持。我做投资毕竟不是做慈善，自然不会白白帮忙，大家建立一个共同的利益共同体，你提供股份，我提供资金，这样我才可能会帮你。但是有些创业者觉得自己的公司很值钱，并不愿意分享自己的股份，这样大家就很难合作。

从我个人角度来说，当然并不在乎这一点儿利益，我在乎的是我投资的创业者是否具备开放和共享精神。如果不具备，那么将来他在出去寻找人才的时候，也会舍不得股份和金钱。

### 3. 坚韧不拔

从开始创业到获得成功，这个过程可能会需要很长时间，短则三五年，长则七八年。期间，创业者会遇到很多问题和困难，每解决一次都需要付出很多努力，这就要求创业者必须具有坚韧不拔的精神和韧性。

以上是我对创业者的三点要求，也是我选择团队和创业者的标准。对于天使投资项目的估值，其实没有什么秘密，也没有什么具体的估值方法。因为早期项目只有一个点子，没有收入和利润，也没有成规模的用户数。在这个阶段，投资人与创业团队，说白了就是“一个愿打，一个愿挨”。我的做法就是拍脑袋，找心理平衡点，所以一般会问创业者需要多少钱，是100万元还是200万元？然后大家讨价还价，研究占多少股份，最终大家心理大致平衡就可以了。

## 投资人是创业者的磨刀石

融资是创业的关键一步，但很多年轻的创业者和朋友说豪言壮语时如竹筒倒豆子一般干脆利索，可面对咄咄逼人的投资人时，则变成了茶壶里煮饺子——有嘴倒（道）不出。这样就避免不了要经历几次融资失败，心理不够强大的人可能还会为此灰心、气馁。很多人曾经对我说："我今天去见了红杉的投资人，还去了IDG（美国国际数据集团），结果都说我的项目不行。"我从他们脸上看到的是沮丧和茫然。实际上，我觉得这种心态非常负面，面对融资失败，我们更应该把它看成是一个重要的经历，而不是结果。

我在创业的过程中，自然也经历过这样的事情，所以愿意以一个过来人的身份给创业者一个建议：一定要有平常心，就算融资失败，也可以把投资人的这种"拷问"当成激励和改变自己的磨刀石，同时，我们也可以从中找出努力和调整的方向。

我们知道，投资人看起来都很严厉且咄咄逼人，这其实不是因为他们有钱，觉得自己了不起，而是因为彼此的视角和立场不一样。任何一个创业者，都会觉得自己的项目很好，但在投资人看来未必如此。甚至就算投资人认可你的项目，他们也需要通过这种方式逼出破绽，看到项目中存在的问题。

挑货才是买货人，如果一个投资人见你的时候笑嘻嘻的，上来就说："小朋友你好极了，你是个人才。"我觉得他们多半是在敷衍你，通常来讲，越说你好就越不会投你。真想投你的人，一定会用各种尖锐的问题考验你，因为他要想办法验证这个项目到底好不好，到底值不值得投。所以我建议大家一定要有一颗平常心。

此外，在这个过程中，投资人考察的不仅是项目，也是创业者。投资其实也是投人。电视上经常有这样的情节：应聘者去一个企业应聘，结果稍微遇到一点儿挑战或者突发状况，便方寸大乱，有的甚至直接晕倒。企业自然不会录用这样的人员，因为这种心理素质的人做不好工作。

投资人也需要通过面谈这个环节来判断和考验创业者的心理素质。创业者是一个企业的灵魂，如果遇到危机和压力就乱了阵脚，是没办法带好一个企业的。并且，真实的市场要比投资人的"拷问"严峻得多，遇到的危机情况和压力也要多得多，可能资金链断裂之后发不出工资，可能公司明天就要倒闭，可能会有巨头抄袭你的产品……你会面临无数挑战。如果你不能表现得很强大、很坚强，投资人自然就会对你失去信心。

另一方面，也是最重要的，投资人逼问的很多问题，如果创业者不能做出很好的回答，恰恰说明他们还没想到或者还没有办法很好地解决这些问题。或者你自认为很明白，但就是不能有理有据地说出来，其实也说明你没有想清楚。这些可能恰恰是我们自身存在的问题，也是我们需要调整的方向。有时，可能你去见10个投资人，其中的9个都拒绝了你，但你其实可以通过这9次挑战，来重新打磨项目、修整产品并改进商业模式。这样，即便他们最后都没有投你，你也可以获得巨大的收获。在这个意义上，其实投资人就是磨刀石，帮助我们把创业之剑磨得更加锋利。

有些人成功之后，经常说自己当年没有写计划书，也没有做很多准备，就是随便和投资人谈了一下，就融资成功了。更有甚者，说自己就是在电梯里碰到了投资人，然而就拿到很多钱。我觉得这都是不现实的。我也曾有过融资经历，当时见了很多投资人，但就是说不清楚，所以怎么也融不到钱。可以讲，被羞辱过很多次，也被投资人赶出来很多次。但我不怨恨他们，相反，我很感谢他们。因为经过一次一次的打磨，我就“久病成医”了。现在，见到投资人，我不仅可以说得很流利，而且别管什么项目，只要让我说上三句话，基本就能勾起投资人的兴趣。同时，那些尖锐的问题和劈头盖脸的压力，让我在一次次的失败中，越来越清晰地看到自己的弱点，越来越清晰地明确自己的方向。

相比之下，10年前投资人很少，融资很不容易，所以我觉得能被人骂一顿也值得。但是现在反过来了，投资人有钱却找不到好项目，反而需要天天追在创业者的屁股后面，所以，我觉得现在的年轻人要幸福得多。但我还是希望大家能够选择那些能够做良师益友的天使投资人，而不是那些只会说漂亮话、只会捧你的投资人。

## 找到“摩西”

关于合伙，我曾经说过，创始人最好是“双雄会”或者“三个火枪手”，言下之意就是，好的创始人团队最好是由两三个人组成。这个观点刚一提出来，立刻就有一位网友评论道：“双雄会也不能是‘平分秋色’，最好一强一弱；三剑客最好是‘一个好汉两个帮’，不能是三足鼎立。创业需要担当和决断，太平衡容易失去战斗力。”这位朋友说得非常对，这也是我要谈的一个内容。

一个好的创始人团队最好是两三个人，但他们在分工上应该有一个错位，而且必须要有一个人来充当整个创始人团队的领导者。他就像率领以色列人走出古埃及前往上帝应许之地的摩西，他是主导公司发展方向的人，是最终决策者。他可能并没有挂着CEO或者董事长的头衔，但无论职位是什么，他都是这个企业无可争议的领导者，是整家公司的灵魂。比如，在苹果，乔布斯就是摩西一样的领导者。他回归苹果后，带领苹果走出低谷，走向今天的辉煌。

当然，相应地，如果决策失误了，这个创始人团队的领导者也是责任的最大承担者。事实上，创始人团队中一定要有一个人来承担一把手的压力。这个压力和第二号人物承担的压力是非常不一样的。同时，这个人既然承担这个责任，领导这个企业，也得到了大家的认可，那么无论对内对外一定要明确，他就是整个企业的领导者。在我看来，这个领导者确认得越快越好、越早越好。并且，在确认了这个领导者之后，在股份的划分上，对他也要有侧重，一定要比别人多一些。

在硅谷，很多公司都是这样的。苹果最早是两个创始人——沃兹尼亚克和乔布斯。沃兹尼亚克是一个技术大牛，但在乔布斯看来“我就是比你能干”“我的股权就要比你多”。从中国人的角度来看，可能会觉得乔布斯是在欺负沃兹尼亚克这个老实人。不过，最终，乔布斯也的确展示出了一个领导者应有的表现。

微软最开始的创始人也有两个——比尔·盖茨和保罗·艾伦。比尔·盖茨告诉保罗·艾伦：“我在这个企业所做的贡献，一定比你大，所以我的股份要是你的两倍。”保罗·艾伦同意了，所以有了后来的微软。事实证明，最后苹果和微软能做大，真正靠的就是乔布斯和比尔·盖茨。

现在，有的人创业也要讲求公平，如果是5个好兄弟一起创业，那么股份就要平均分成5份，每人20%。这种分法看似很公平，但因为每个人的能力不同，结果变成了最大的不公平，并且从一开始就种下了分歧和矛盾的种子。有能力的人心里就会不平衡：“我比他们都能干，凭什么他们的股份和我一样多？”而没能力的人可能也会想：“反正有这份股权，那我以后就可以混日子了。”如果其中的关系处理不好，最后矛盾就会爆发出来，甚至会导致公司崩盘。

所以，给领导者相对多的股份，开始的时候大家可能会觉得这个人自私、不仗义，但从长远来看，这绝对是对公司发展最有利的一种分法。

当然，人都不是一成不变的，在创业过程中，也不能排除早期合格、优秀的领导者到了后期不合格、不优秀了这种情况。这其实也很正常，并且创始人团队也可能会分分合合，发生一些变化。这个时候就必须引入牛人，这样企业才能做大。在这个过程中，可能就会涉及股份的变化，我的建议是，创始人一定不能把初创时期的股份状态看成企业的最终状态。一旦发生变化，也大致有两种解决方法：一是由董事会来决定，二是让VC来做参谋。

正常情况下，我们每个人都在乎利益，每个人又都羞于言利。虽然嘴上不好意思说，但是心里会计较，于是彼此心里就会越来越不平衡。所以，企业刚刚成立的时候，丑话就应该说在前面：第一，千万不要平分股份；第二，还要达成共识，留出一部分股份给未来，以吸引优秀人才。这样才能给企业未来的发展留出更大的空间。

## 创业需要干货的传承

自2015年李克强总理在《政府工作报告》中提出“大众创业、万众创新”的口号以来，各地的创业、创新活动进行得如火如荼，并且无论是政府，还是普通的创业者，都对“双创”寄予很高的期望。

从我个人的角度来讲，衷心地希望看到更多的人能白手起家，能做好企业，改变自己的命运。并且，年轻人有创业劲头是好事，我打心底认为，一个企业的实力代表了这个国家的实力，而年轻人则代表着国家未来的软实力。

然而，创业不是一窝蜂的跟风行为，也不是一拍脑袋的盲目行为，它需要方式方法，需要经验传承。因此，我提出两点建议：第一，在创业之前，那些想要创业的年轻人最好先到别人的企业里面去实践、去学习；第二，我呼吁更多的成功企业家拿出一部分时间，与年轻人交流，传授给他们方法和经验。

## 1. 要做CEO，先做创始员工

对于创业来说，最好的传承不是来自书本，而是来自企业。现在都在讲“双创”，所以有些年轻人认为不用等到毕业就可以开公司，就能当CEO。我觉得这是不对的。既然要创业，首先就要对投资人负责，即便这个钱是来自父母的资助。对于刚离开学校、抱有创业之志的年轻人来说，如果没有社会经验和商业经验，那么就应该学习创业之道，保证创业的成功率，而不是边看边学，过一把创业瘾。

保证创业成功率最保险的一条路径就是先加入一家企业，甚至是创业公司，花老板的钱，看别人怎么创业。先积累经验，然后再创业，我认为这是正确的创业方法。

现在我们都知道融资很困难，特别是对于刚刚开始创业的年轻人，甚至是刚一毕业就出来创业的应届毕业生或者还没毕业的在校生。很多人感叹说：“不是我的产品、思路、模式不好，而是没有人知道我。无论我再学多少VC技巧，向别人请教多少跟VC张口要钱的经验，结果恐怕也不乐观。”

网上有传闻说有人把VC堵在厕所里，用上一次厕所的时间拿到了3 000万美元。我觉得这肯定是段子，不是真的。不管怎样，你都要相信一点——VC绝对不是傻子，他们要比普通创业者精明很多，所以他们有再多的钱，也不会随随便便投给一个他们觉得不合适的人或者项目，因为VC

不认同。

如果你在一家创业公司或者互联网公司工作，一起经历过创业，或者你用了两三年或者四五年参与制造了一个产品，那么结果恐怕就不一样了。比如，你可以说："微信红包是我参与做的。"或者说："奇虎360摄像机中的APP是我做的。"我相信VC马上会对你另眼相看。

我们每个人在社会中生活，都会有属于自己的记录和轨迹，也会有自己的职业生涯发展路径。事实上，硅谷特别讲究这个，VC看人也特别在意这个。如果一个人没有任何的经验积累，只是凭着从学校里出来的一点儿激情，可能会在短期内忽悠几个同学跟着他干，但是VC可能不会认同他。一旦你在一家创业公司有了相应的积累、经验和成绩，那么自然会对这个产业有一定理解，同时也建立了自己的一些影响力，也会有人愿意追随你。同时，因为你参与过创业，参与过某个知名产品的创造过程，VC自然会相信你是有经验的，就可能真的有人愿意给你投资1000万，占你20%的股份，这时你就会发现自己已经有了一个很好的开始。

当然，我这样说，并不是否认一出校门或者还没出校门就创业成功的可能性。美国有几家大型的科技公司都是在创始人退学之后创办的。但我想，这不应该成为中国年轻人效仿的榜样。因为中美国情不同，这几个创始人在上高中的时候就已经在和科技圈的人打交道。校园"创业模范"——苹果的乔布斯、微软的比尔·盖茨都是在大学期间就开始与硅谷的公司打交道。

我们应该看到，更多的美国科技公司其实是由有创业经验的人创办的，比如，亚马逊的创始人贝佐斯、特斯拉的创始人马斯克等。因此，再次强调一下我的观点——早期加入别人的创业公司，积累经验之后再出来创业，这样成功率会高很多。

## 2. 硅谷奇迹背后的导师

如果研究一下，我们就会发现，硅谷的少年创业英雄（比如扎克伯格）背后，通常都会有好几个导师。

扎克伯格算是一个“少年英雄”，但他背后也有一个了不起的人——曾在浏览器大战中惜败微软的网景公司创始人马克·安德森。安德森是世界上第一个做出浏览器的人，是扎克伯格的资助者，同时也是他的一位导师。

扎克伯格可能是技术天才，可能是产品天才，但我不相信他是管理天才。没有一个人天生就知道如何管理，管理也不是读几本书就能融会贯通的，相反，它是一门实践的艺术。所谓的管理经验其实都是通过时间积累而来的，再通过商学院的管理课程进行升华。所以，脸谱网之所以能够快速成长，就是因为扎克伯格背后有这样一批有经验的导师。

像安德森这样的人会对这些年轻创业者说：小伙子，你的产品方向应该这样，你的商业化路子最好那样，这个阶段你应该找这样的人，我能给你找到什么样的VP（副总裁），能给你推荐什么样的CEO，等等。

在这些人的创业过程中，导师常常能起到非常关键的作用。所以，我认为年轻人应该找一些真正有经验的人指导自己，这样才能让自己的创业之路走得更顺利一点。

中国有很多著名的企业家，他们把企业规模做得很大、很成功。但是，我发现这些人中愿意出山为年轻人做指导的并不像美国那样多。在我看来，创业经验需要传承，上一代企业家已经功成名就，他们有责任把经验传授给下一代创业者。他们可以把一些闲置资金投给年轻人，更重要的是，要把自己的经验和教训传授给年轻人，让年轻人少走弯路，提高创业的成功率。这对于企业家自身、创业者以及国家的未来，都大有裨益。

## 天赋是积累出来的

通常情况下，只要我们在某一方面做得好，就会有人说我们在这方面有天赋。但是我想，当你听到这样的话时，一定不要盲目信以为真，因为这很可能是他们在逃避，不愿意正视自己不努力的现实。所谓天赋，其实都是经过努力积累出来的。

做好产品其实跟做好其他事是一个道理，如果说有天赋，那也只是在漫长的过程中，不断经历痛苦，不断尝试失败，不断学习，从而培养起来的。

比如乔布斯，在他离开苹果之前，他的合作伙伴沃兹尼亚克说他从来没给苹果计算机写过代码。他被赶出苹果公司后创立了NeXT公司，但没什么起色。1997年，他回到苹果公司，一直到2000年，4年时间里计算机的彩壳该换的都换了，但对Wintel（微软与英特尔的商业联盟）阵营几乎没有什么影响。开始做iPod的时候，MP3播放器也不是他的创意……

我相信这个过程肯定有让乔布斯特别痛苦、特别迷茫的时候，但这个过程并非没有价值。在火山岩浆喷薄而出之前，它一定已经在地壳下不为人瞩目地酝酿、积累了很多年。这些都是失败和积累的价值。

现在有一种倾向，上一代人看不惯这一代人，这一代人看不惯下一代人，于是 70 后批评 80 后、90 后是“被速度喂养长大的一代”，是渴求成功、不愿意等待的一代。因此，有激情、沉不住气、鲁莽、善变、不耐烦等都成了 80 后、90 后的标签。在我看来，与其说这是某一代人的标签，不如说是年青一代的特点。我是 70 后，但回想一下我们 20 多岁的时候，其实也被上一代人批评过，觉得我们不耐烦、毛糙、鲁莽、不听话、不成器。

所以，如果你正好是 80 后、90 后，或者你是一个 50 后、60 后，家里正有 80 后、90 后的孩子，我最想对你说的一句话是：不管是什么标签（好的还是不好的）都不要紧。但在成长过程中，很多事情仅有热情是不够的，就像做互联网产品，要想做成做好，需要不断坚持，需要强大的韧性，需要长期关注一些细节。

2013 年，我录制了一期《天天向上》。在节目中，我公布了自己的手机号码，结果从那天开始，每天都会有很多人给我打电话、发短信、发邮件，给我出谋划策，教我如何一招制敌，打败百度，干掉腾讯。我自然知道那些一招制敌的“大招”基本都是不靠谱的。我想说的是，我们有美好、宏大的愿望，有强烈的热情，这本来是好事，但大多数人只有3分钟的热情。如果你真的去做这事，我敢打包票，热情过后就是烦恼。

所以，每个人在立下宏图大志的时候，都应该问问自己，是不是有这样的韧性，能不能坚持下去。大家玩游戏、打麻将，可能会乐此不疲地战斗一整天。但是，如果你是一个程序员，能不能坚持10个小时，就为了找到一个漏洞？所以，看一个人能不能行，先不要看他说了什么，而要先看他坚持了什么。

总之，不管你在哪个行业，如果能坚持下来，那么这个痛苦的过程就会像乔布斯遇到挫折的那几年一样，虽然痛苦，但是肯定特别有价值。你的直觉、观察力、判断力和基本功就是这样锻炼出来的。

第六章

# 颠覆就是把复杂变简单

创新其实并没有大家想象的那么复杂、那么高端。很多时候，创新会从一个非常小的点、一个非常小的细节开始，我管这叫微创新。微创新可以持续不断地进行，最终经过过程的积累，形成颠覆既有市场的力量。

# 真正的创新其实很难

2013年，我去西雅图参加中美互联网论坛，没想到却得到一个“西雅图最忠实的推销员”的雅称。

当时，在论坛上，还有其他不少手机业大佬，当然库克也在。那种环境下，大家都很收敛，都不好意思班门弄斧。但当看到库克闲着没事的时候，我一冲动就跑过去向他展示了我们的奇酷手机。

班门弄斧也好，关公面前耍大刀也好，当时我管不了那么多了，我真心觉得奇酷手机旗舰版还是能够拿得出手的。但是因为当时时间有限，我只能用几句话吸引他的注意力，然后重点谈了我们的彩色+黑白双摄像头。

用过奇酷手机的人都知道，它有一个功能就是在拍照后显示年龄。库克对这个功能非常感兴趣。这其实也是我们的一个“小黑科技”。同样在现场的马云和马化腾也非常感兴趣。马云让我给他照一张，还开玩笑地说要是敢把他的年龄照大了，就把手机摔了。后来我又给马化腾拍了一张，结果显示年龄20岁出头，马总很开心。

后来，我渐渐发现一个规律，无论谁用这个功能，显示出来的年龄都会比正常年龄小一点。但是我每次拍照，显示出来的年龄却要比真实年龄至少大5岁，每次都是50多岁。看来，是我对奇酷的员工过于苛刻了。

有了这个发现之后，我回去跟程序员讲，要把这个功能改进一下，以后如果拍照的是女性，那么显示的年龄一律要是真实年龄的一半；如果是男士，那么就直接减去10岁。这样每个人都会更开心一些。

这是我在做奇酷手机过程中遇到的一件比较有意思的事，其实这样的事还有很多，其中或多或少能够反映出我对创新的态度。不是为奇虎360的产品做广告，而是我认为在做奇酷手机的过程中，让我深化了对“创新”二字的理解，下面与大家分享一下。

### 1. 真正的创新其实很难

我进入手机市场做手机，其实并没有赶上最好的时候。当时市场竞争已经十分激烈，几乎不是蓝海、红海，而是血海。我们花了差不多10个月的时间，历经了很多磨难，也经历了很多故事，最后终于拿出了一部至少我们自己还觉得满意的手机——奇酷手机。

和其他手机相比，奇酷手机旗舰版具有不预装应用、冷藏室、涡轮闪充、双摄像头等多个创新和黑科技点。开售当天，我们备了35 000台，结果大概8秒全部抢空，后来有很多朋友直接向我要旗舰版。在那个时间段，前面是iPhone 6s发布，后面还有很多友商也要发布旗舰机。在这种情况下，还能有那么多人等待并支持奇酷手机旗舰版，我觉得很骄傲，当然这个过程中的压力也非常大。

说实话，在开售之前，我也没有想到会得到这么多支持，虽然网上有很多朋友一直对旗舰版有特别高的期望，虽然我试用的时候，也确实感觉它有很多可圈可点的地方，但因为我们有很多创新的功能没有调试好，所以开售延迟，这既让我惭愧，又让我感觉到压力和担心，好在最终一切都不负所望。

奇酷手机旗舰版最大的创新，就是我向库克介绍的彩色+黑白双摄像头技术。这个技术，在我们之前没有人做过，它不是简单地买来CPU和部件，然后简单组装起来跑个分就能解决的。它需要使用黑白传感器最大限度捕捉明暗信息，用彩色传感器最大限度记录真实色彩，再把两个图像实时合成，这个创新的难度超出了我们的预期。进度之所以延后，是因为我在用奇酷旗舰版时，相机偶尔会卡，我怀疑可能是彩色+黑白双摄像头技术在合成方面存在问题，就要求技术人员不断检查调整，因此耽误了一些时间。

简单来讲，奇酷手机旗舰版的开售时间大概比预计晚了两个多月，这完全超出了我的预期。我之前也确实没有想到，做一件真正创新的事，过程会这么艰难。

## 2. 只做产品还不够

坦率地说，我这次做手机有些用力过猛，在这部手机上倾注了太多的时间和心血。比如在 360 OS 里，我们设置了很多功能，但因为时间有限，很多有意思的功能没能让用户了解到；比如在硬件方面，别人往往只是跑个分或者把某一个点讲到极致，但我们在三款手机的机身工艺、材质、设计、指纹等方面都做了很多努力，以致犯了一个错误——因太多的细节而失去了焦点，让很多用户觉得点很多、很杂，没觉得哪个点十分突出。

正是通过这次经历，我发现仅仅做好产品还不够，甚至有时候会觉得，我们做了这么多努力，可能还比不上别人下苦功夫想出来的一句口号。我们现在的口号叫作“岂止安全”。我个人其实不太满意，因为它远没有把我们手机的真正特点讲出来。

另一方面，从市场角度看，我们满大街打广告，列出很多功能点，这样做可能还不如别人只讲某一个点，比如漂亮的颜色或外壳等，这同样能够打动很多感性的用户。这其实也反映出一个问题，我们在产品上用力过猛，在市场上却有些后续乏力。所以，我就跟市场营销人员讲，看来我们仅做好产品是不够的，还必须认真想一想，到底我们要传递给用户什么理念，到底我们做的这些功能亮点中哪个才是用户最关心的，并且怎么才能把它讲出来。

手机发布之后的一个多月里，我非常焦虑，总是在思考是不是因为我们在产品上下了太多功夫，以致做了很多大家看不到的工作。回过头来看，今天手机已经进入一个新的阶段，简单地拼跑分、比低价的时代已经过去了。很多人已经不是第一次用智能手机，因此相应地，换手机的时候就会对细节和品质有更高的要求。

我也请一些朋友试用之前做的青春版，他们说确实体验到了很多细节上的优势，比如省电、不卡机、轻快、金属材质外观等。所以，我们在旗舰版的细节和品质方面花了比之前更多的时间和心血，就是希望大家能够在使用产品的过程中感受到 360 的用心和诚意。

## 产品变简单了才会有更多的人使用

对于习惯了当下计算机的年轻人来说，20 世纪 70 年代的计算机绝对算得上是一个“庞然大物”。那时的计算机一方面体积庞大，另一方面又似乎非常“柔弱”，以至于必须放置在机房里面。想用计算机，必须先穿上白大褂，换上拖鞋。而且使用之前需要预约，预约不上，便只能排队等着。

《乔布斯传》里面有这样一个情节：乔布斯拿着初具雏形但还比较粗糙的个人计算机去找惠普，但被惠普拒绝了。因为在惠普看来，相比当时的计算机，乔布斯研发的东西最多算是一个玩具。确实，当时IBM庞大的大型机计算能力很强大，乔布斯手里的个人计算机在这方面基本没有可比性。但是，我们今天来看，它有一个优点是大型机无论如何都比不上的，那就是方便。

方便太重要了，我认为它是推动商业进步最重要的力量。

比如，如果必须学会发动机原理、掌握机械原理，才能买一辆汽车并驾驶，那么恐怕汽车工业到今天也不可能发展起来。同样，如果人们只有掌握通信技术才能使用手机，那么手机永远都只能在实验室里。今天的互联网跟10年前相比，已经越来越普及，有很大一部分原因就是它的操作越来越简单。其中的道理也很简单，所有创新都必须从人性的角度出发，而人性的一个特点就是懒惰，所以所有的创新几乎都需要从懒人身上下手。

柯达的胶卷相机曾经红极一时，最终却被后来居上的数码相机颠覆。数码相机刚刚问世的时候，并不是多么完美的产品，只有30万像素。事实上，即便到了100万像素，它的成像也会存在很多问题，冲洗的照片也会惨不忍睹。就算当时它存在这样那样的不足，通过10年时间的持续改进和创新，今天它已经把胶卷相机彻底颠覆了。

当然，数码相机在成功颠覆胶卷相机之后，并没有迎来太多安稳的日子。接下来，它还必须面对一个更加严峻的现实——智能手机出现了。如今，数码相机正在被智能手机颠覆，而被颠覆的理由，与它颠覆胶卷相机一样，就是方便。

如果你是一个摄影爱好者，出门可能会背一个单反相机。对于没那么高要求的普通用户来说，就算家里购置了单反相机，出门也不会带上它，相反，会带上手机，用手机拍照，因为手机比单反相机更方便。如果进行理性分析，我想每个人都知道单反相机的成像质量比用手机拍的照片好得多。但是，作为普通消费者，我们往往是不理性的。你看，出门的时候，我们往往会下意识地摸一摸裤兜，看看手机在不在，但我们绝不会摸一摸肩膀，看看是否背着单反相机。

我这么说，其实就是想传递一个观点，那就是创新其实并没有大家想象的那么复杂、那么高端。很多时候，创新会从一个非常小的点、一个非常小的细节开始，我管这叫微创新。微创新可以持续不断地进行，最终经过过程的积累，形成颠覆既有市场的力量。

前面提到博客是为了讲用户体验，其实微博取代博客同样符合把复杂变简单这个创新逻辑。

我们知道博客曾流行了一段时间，刚开始的时候很多人写，但真正坚持下来的人并不多。原因很简单，它不符合人性。在日常生活中，除了打麻将、玩游戏，估计没人愿意一直坐在一个地方一动不动。写文章是一件既费脑子又寂寞的事，我觉得除了作家和以此为生的人，没有谁能坚持每天写2000字。

2006年，推特诞生了，它的出现突然把博客变简单了。后来新浪微博进一步发扬光大，限制微博只能有140个字。如此一来，写微博就变成一件简单、方便、轻松的事。读微博的人只要读140字，基本就能了解别人的观点和看法，也轻松了。于是，我们这些不愿意写长文章的懒人和不愿意读长文章的懒人就都加入了微博大军，结果微博越来越普及，颠覆了传统的信息传播方式。

手机上的创新同样如此。在智能手机出现之前，我觉得最痛苦的事就是把软件下载到手机上，常常半天找不到软件，即便找到了，安装也是麻烦事。但苹果手机做了一个创新，下载软件的时候，不需要经由计算机，更不会问你要把它存在哪个盘里，直接点击一下，进度条走完，软件也就安装完了，然后直接在屏幕上生成软件图标。

微博改变了信息传播规律，智能手机改变了传统的软件安装方式。我们想一下就会发现，在这个过程中，新浪和苹果并没有发明什么专利，而只是在以往技术积累的基础上，把复杂的东西变简单了，把烦琐的东西变方便了。

只有产品变简单了，才会有更多的人使用，使用之后才会产生交互，企业才能建立起品牌。这个改变或许很小，但简单的力量非常巨大。经由简单，你就能完成一次颠覆式创新。

对于创业者来说，如果忽视了产品和用户体验，总是高屋建瓴地谈战略，那么这些战略可能最终会变成空中楼阁。如果能从消费者的角度出发，从人性需要的角度对产品进行改进和创新，那么持续下去并将其放大，它就能产生一股巨大的颠覆力量。

## 不改变对创新的理解，中国就不会出现“乔布斯”式的人物

2001年10月，浙江省某市政府发布了一个重大人才培养工程：邀请两院院士来做导师，以5年为一个培养周期，每周期投入培养经费5 000万元，培养100个“乔布斯”式的领军人物。结果，这个消息刚一发布，便被外部扭曲成了要“培养100个中国乔布斯”，因此也就成了一个天大的笑话。

其实，其中存在误解。该市政府说要培养100个“乔布斯”式的领军人物，说白了是要培养创新领袖。我现在可以非常肯定地说，中国没有“乔布斯”式的人物。如果谁说自己是“乔布斯”式的人物，这个人多半是骗子。

当然，我这样说，不是说中国13亿人口中真的就没有能够在智商、个性、创新能力等方面比得上乔布斯的人。按照概率来算，肯定有。他们就像种子一样，遗憾的是长在了一种不宽容的文化土壤中。宽容是创新之水，

如果没有创新之水浇灌，土壤就很难支持创新，再好的种子落到这种土壤中，也长不出“乔布斯”式的人物。

我的这个观点，自然没有人愿意听。我就像丹麦作家安徒生的童话《皇帝的新衣》里的小孩一样，只不过说出了一个真相，却令很多人尴尬。有些企业请我去讲互联网和创新之道，结果我发现虽然很多大企业特别爱提创新，甚至恨不得把这两个字刻在脑门上，但我一讲创新和当下的环境，他们就会认为我是在危言耸听。

> 有一年，我给运营商讲课，提到微信最后要颠覆运营商，结果把邀请单位吓坏了，因为下面坐的都是集团领导。后来，有些内容传到外面，有人认为我是在挑拨运营商和腾讯之间的关系。结果到了现在，不用我说，事实摆在那里，微信不是要抢运营商的收入，而是要利用运营商积累的用户关系，在通话层面上取而代之。现在，运营商不进行改变已经不行了。

虽然用很长的篇幅，翻来覆去地讲了各种案例来说创新，但最后我发现这些东西都是“术”。我们想创新，并培养出“乔布斯”式的领军人物，仅仅靠这些“术”并不能实现，必须落到“道”上，也就是看我们是否有支持创新的宽容文化。

所谓文化，不是讲讲《论语》，也不是讲讲《易经》。我们判断一个人、一个企业是否有文化，首先要看这个人、这个企业在遇到一件事时的本能反应——善恶判断、是非标准。

从当下文化出发，我们对一个企业的价值判断并不取决于这个企业有没有进行创新、有没有为用户创造价值，而是取决于它有没有赚钱、有没有上市、有没有市值上百亿或过千亿。简单地说，我们现在判断一个人、一个企业是否成功的标准依旧是“成王败寇”。如果一家公司把广告屏挂到了全国所有出租车前排座椅的椅背上，那么晚上的时候不管屏幕的光线对疲倦的乘客来说有多么刺眼，噪声有多么扰人，只要赚了很多钱，只要公司能上市，在我们的文化里，这就是一家成功的公司。

我们每个人都很向往成功，我每天努力工作，也是为了证明自己不是一个失败者。如果我失败了，或者奇虎360没能上市，市值没能过百亿，可能今天我说的话就没那么多人信服了。也就是说，即便一个人的思想和看法从来没有变过，但是他的公司上市了，市值过百亿了，大家就会觉得这个人不一样了。换句话说，在文化上，我们对失败并不是特别宽容。

与此相悖的是，创新是一件失败率特别高的事，甚至有时候失败是必然的，成功是偶然的。今天做得比较成功的一些企业的身后至少躺着100家和它一样，甚至比它更努力、更优秀的公司，但因运气不好而失败了。可能这些倒下的公司和成功的企业做的是同一种创新，但因为它们没有成功，所以在世俗的定义里，就成了失败者。慢慢地，这就形成了一种无形的压力，让很多创业者不愿意去做真正的、失败率极高的创新。

小企业如此，大企业自然也不能免俗。在这样的文化氛围中，它们同样对失败怀有极大的恐惧。所以，它们的惯常做法就是让小公司先去探探路、趟趟雷，小公司做不成，它们不会有什么损失。小公司一旦做成了，它们便会立即跟进，这样出错的概率最小。这就是所谓的“稳健的竞争策略”。

在这种情况下，这些大公司就像一个小孩子，因为营养很好，可以长到 1.8 米，有成年人的体格和实力，但是心智可能还停留在一个七八岁小孩的水平上。它们可以振振有词地说：“我抄这些小公司又不犯法，有什么错？这些小公司还不是抄国外公司的？”所以，不要指望我们行业里的大公司能像美国大公司一样输出什么价值观。

再回到乔布斯身上。如果我们认真阅读过《乔布斯传》，就会发现它是一个极其不讨人喜欢的人，他待人苛刻、不宽容，并且还有其他一些怪僻。这个人如果成为你的同事或老板，或者就生活在你身边，那么他可能会让你觉得非常痛苦。如果这样的种子落到我们这种土壤里，恐怕早在高中或者大学时代就被打压掉了。

虽然我们嘴上喜欢讲创新，但对创新进行价值判断的时候，包括我在内，由于对少数派的不宽容，以及从众心理的影响，也会有意无意地压制创新。所以，一个人想要创新，想要做一个新东西，刚开始起步的时候，大家往往很难理解，好听点儿会叫他狂人，不好听的会骂他是疯子和骗子。可是一旦他把原来大家质疑的一件事做成了，或者把企业市值做到成百亿、上千亿，原来骂他的那些人就会给他树碑立传，立马把他捧成神。

在深层次的文化里，我们往往都有一种从众心理，甚至我们从小接受的教育就是如此。这就导致一个后果——我们很在意别人的看法。所以如果有一件事特别特立独行、与众不同、标新立异或少数派，那我们通常都不会太看好它。相反，如果你做的是人人都能看明白的事，那大家就会认为你靠谱、有前途。但很可惜，通常大家都觉得有前途的事情，往往最没有前途。

此外，在中国进行创新，你还必须承受另外一种苦恼和压力。我们知道，颠覆和破坏式创新是美国商学院的经典理论，也会被创业公司奉为圭臬，甚至小公司通过创新发展起来，破坏了大公司的商业模式，会被认为是天经地义的事。但在中国，每当我讲到颠覆和破坏式创新，很多人潜意识里就会想：周鸿祎不是好东西，天天讲破坏和颠覆。

在西方，数码相机面世，胶卷相机没了市场，之后智能手机面世，数码相机就卖不动了。这都是很正常的商业行为。但在中国，奇虎360通过创新破坏了大企业的商业模式，有人竟然认为这是奇虎360的“罪状”。

所以，谁要讲颠覆，谁要搞破坏式创新，就会被当成制造麻烦的人。到现在，依旧有很多人认为周鸿祎就是搅局者、捣乱者，不顾及行业利益，破坏了互联网行业的和谐，破坏了大公司的商业模式，然后天天吃饱了没事干，老是跟那几个“大哥”打架玩。我觉得就是这种认知让真正的创业者在想要创新时举步维艰。

另一方面，今天中国的互联网领域，基本上还是70后的人在唱主角。

10年前，其实也是我们这些人，那时我们30多岁，现在我们40多岁了，一开会还是我们这批人。再过10年，如果中国互联网还没有真正的创新和颠覆，那么可能还是我们这帮届时已50多岁的老家伙在跟大家谈经论道。这对我们来讲的确是幸福的，但对中国80后、90后甚至00后来说，可能就是个悲剧。

最近几年，我花了很多时间到处鼓励创新。我希望现在的媒体，包括教育行业能够一起努力，逐渐改变中国文化里对创新的价值判断和认知。如果这种价值观能够有所改变，那么我们就有可能形成像美国硅谷那样的创新和创业氛围，中国才能出现真正的硅谷精神和“乔布斯”式的人物。

## 颠覆式创新需要逆向思维

在世俗的定义里，我可能算是一个成功的人。但实际上，我非常清楚，我不过是在互联网领域犯错最多、挨骂最多、经历失败最多的人，所以才有了现在这些心得体会，或者说真实感受。这些是我自认为唯一能对外“吹嘘”和“自得”的地方。

当然，创业不一定需要自己以身犯错，我们还可以从书籍中找到答案。《定位》①《创新者的窘境》②和《创新者的解答》③，过去几年我经常翻看这几本书，并且几乎每次看都会有新的心得体会。所以，我的建议是，如果有时间，不妨把这几本书放在身边反复读。你经历的越多，对这几本书的体会

---

① 艾·里斯，杰克·特劳特. 定位：有史以来对美国营销影响最大的观念[M]. 谢伟山，苑爱冬，译. 北京：机械工业出版社，2011.

② 克莱顿·克里斯坦森. 创新者的窘境[M]. 胡建桥，译. 北京：中信出版社，2014.

③ 克莱顿·克里斯坦森，迈克尔·雷纳. 创新者的解答[M]. 李瑜偲，林伟，郑欢，译. 北京：中信出版社，2013.

就会越深。

说回创新。前几年，我一直都在谈微创新，但后来我改口了，开始谈颠覆式创新。在我看来，这两者其实是一回事，微创新是颠覆式创新的开始和战术，颠覆式创新则是持续微创新后得到的结果，是一个“马后炮”式的总结。

真正的颠覆不是敲锣打鼓在某一刻突然到来的，而是以你我都意识不到的方式逐渐渗透和改变，最终通过量变达到一个质变的结果。在具体操作层面，我们可以把颠覆式创新理解成换一种方式来做事，比如我们可以把一个很复杂的产品变得很简单，可以把一个很昂贵的东西变得很便宜，或者把收费的东西变成免费的等。这其实就是从用户体验和商业模式上进行的两种颠覆式创新。

虽然我个人没有浏览过脸谱网这个网站，但我承认，起码到目前为止，这是一家比较成功的企业，在美国很有名。

脸谱网成功之后，扎克伯格写了一封信，说脸谱网的使命就是要连接人类。这个使命看起来足够宏大，有点儿颠覆式创新的意味。但如果我们看过《社交网络》这部电影就会知道，脸谱网在诞生之初根本不像后来故事描述的那样。如果你相信它一开始就说我要创业、我要做一个社交网站、我要连接人类，那恭喜你！你被忽悠了。事实上，我也没见过有这种想法就能成功的企业。

事实上，因为脸谱网成功了，所以它被总结为社交网络，但是扎克伯格刚开始做脸谱网的时候，它还远远不是一个社交网站，仅仅解决了用户的一件小事——帮哈佛男生找女朋友。这才是比较真实的版本。但这件小事既是刚需，又是痛点，所以脸谱网成功了。

我特别推崇苹果公司的“Think Different”理念，在产品方面，我们可以发现苹果其实一直也在这样做。无论是音乐播放器、平板电脑还是手机，在苹果之前，这些东西都有人做过，但最可贵的是苹果会换一种方式来做，这就是“Think Different”，其实也是一种颠覆式创新。

所以，如果创业者要进行颠覆式创新，那么就需要看看巨头是怎么做我们从事的业务的，能不能找到一个点跟别人做得不一样——哪怕只有一点点不一样。而我对“不一样”的理解就是“更为极端”，就是反着来，反向操作。正因为如此，所有巨头都觉得我是一个“麻烦制造者”（Trouble Maker）。

实际上，我认为这不是一个道德问题，而是战术问题。比如杀毒软件，别的企业要收费，而我的解决之道就是反向操作：第一种反向操作是他们卖得贵，那我就卖便宜点儿，事实上，这只是改良；第二种反向操作则要更彻底些，那就是我免费、不要钱，这就变成了颠覆。当然，我当时也没有意识到免费杀毒会带来这么巨大的颠覆效果。

做事情要追求极致，但不要追求完美。这是我的理解。但现在，很多人把这两个词颠倒了。

所谓追求完美是指我要把产品做得没有缺点。事实上，这样的东西常常无法达到创新的目的，更不要说颠覆式创新。颠覆式创新的产品在刚出来的时候都不可避免地会存在很多缺点，但在这些缺点背后，有一个能尖锐地刺中用户需求的点，让用户觉得原来这事儿还可以这样做。这就叫做到极致。

个人计算机刚刚出来的时候，跟IBM大型主机简直没有可比性。最早期的时候就是一个单板机，没有键盘和显示器，基本属于儿童玩具的范畴。当时几乎所有大公司都认为这是一个不可能开发出来的市场。但到了今天，个人计算机已经改变了整个IT（信息技术）产业。

我经常说，当你分析案例的时候，一定要回到刚开始的那个点上，看它最初的样子。事实上，每个产品在刚开始时，都无法做到尽善尽美，只要有一个能打动用户的点就足够了。

再举一个经典的例子。英特尔有两个对手，其中一个是AMD。AMD跟英特尔打了很多年，一直处于下风，因为它完全按照英特尔的游戏规则在玩——比谁的计算能力更强、比谁的核更多，接下来就是比谁的温度更高，比谁的主屏更大。但很显然，AMD在这些方面不占优势，所以就这么被玩残了。

和AMD一样，ARM也是英特尔的竞争对手，但是这家公司却颠覆了英特尔，靠的就是产品体验和商业模式的创新。

比如，在产品体验方面，ARM反其道而行，你计算能力强，那我不跟你比这个，我跟你比谁更便宜、谁功耗更低。因为ARM知道，只要能把这两点做到极致，英特尔就会非常痛苦。这也不难理解，面对这种反向操作的对手时，你不跟进，就会丢掉份额；一旦跟进，又会失去原有的优势。说好听点叫壮士断腕，说难听点叫挥刀自宫。事实上，反向操作就是要离开对过去路径的依赖。

再看苹果。1997年，乔布斯重返苹果时做了很多事情，但都不是颠覆，恐怕那个时候他也没有找到感觉。苹果真正重新崛起靠的是iPod播放器，然后才是手机、计算机。其实在这几样东西上，苹果其实没有什么特殊的专利，也没有什么特别的通信技术。很多技术人员总是瞧不起我，说老周就喜欢玩“壳”，不喜欢玩“核”。其实，苹果才是真正将“壳”做到极致的企业。

不信的话，我们做一个最简单的试验：找一个三四岁的小孩，给他一台iPad，再给他一台装有Windows 8的Surface，然后我们可以看看在3分钟内他会对哪台机器无师自通。答案不言而喻。其实，苹果真的把用户体验做到了最简单。

我讲微创新强调的是“微”，因为我担心创业者在创新的时候会有一些不切实际的宏大想法和计划。他们往往不会成功，消费者也不会买账。有时候，你手里有个榔头，就容易看谁都是钉子。你在这个行业是专家，就容易犯从你的角度出发的错误，但实际上，消费者不是行业的专家。去观察一下就会发现，大多数消费者其实是感性的，而不是理性的——今天已经进入一个越来越强调体验的时代。所以，创业者一定要从消费者的角度去琢磨一个能打动他们的点。

现在几乎全民都在使用微信。在微信刚刚诞生的时候我并没有使用，后来尝试过后，我很喜欢，因为它太方便了。渐渐地，我却听到了两种抱怨的声音，他们觉得微信太不“方便了”。

**1．员工和老板或者领导之间的不“方便”**

这种不方便是在360内部听到的，很多员工不愿意加我微信。最开始的时候我还很困惑，为什么他们不愿意加老板的微信呢？大家一起和老板其乐融融不也挺好吗？当时，我记得网上正好有一个新闻，说有一个90后的小女生因为不愿意加领导的微信被开除了。所以我就问员工为什么不加我，他们说每个人都有自己不同的身份和圈子，不想把生活和工作混在一起，更不想今天不高兴了，在朋友圈发发牢骚被老板知道。这个很有意思，当然我也非常理解。

**2．年轻人与父母之间的不“方便”**

脸谱网是美国最大的社交网站，但是现在有一个现象，就是很多年轻人渐渐逃离了这个平台。至于原因，调查结果更有意思——因为父母来了。年轻人可能很理解这个事情，其实我们并不想让父母知道我们的很多事、状态和想法。国内的微信同样存在这个问题，有些年轻人甚至专门设置了对父母的“不可见”。

其实，这些人都特别希望自己能有两个角色，并且有两个能够展示自己这两个角色的空间和舞台。但如果真的同时使用两部手机，又嫌太麻烦。考虑到这一点之后，我就在想，能不能在操作系统里面做个双系统，然后在每一个系统里面都装一个独立的微信，这样我们就可以在一部手机装两个微信，两个账号，各自独立。其中一个，我们可以和最私密的朋友交流，在里面可以说自己想说的话；另外一个，可以继续保持工作状态，说工作，聊项目，甚至拍老板马屁，等等。过去手机领域有个词汇叫“双卡双待”，这个系统就可以让我们实现从“双卡双待”到“双微双待”的转变。

这其实就是微创新。对于企业来讲，就是要找到这个对用户来说是一件大事的点，然后解决用户的痛点和烦恼。一旦你能找到这个点，并将其做到极致，那么你就赢了。

第七章

# 将安全做到极致

不管外界形势如何变化，我觉得互联网是最有活力的。互联网本身有很多技术和产品的创新，也有很多商业模式的创新。这是一个巨大的市场空间，每个企业其实都有机会。所以我觉得最重要的是你希望自己做的手机有什么独特的创新，有什么产品上的极致体验。我觉得只要是瞄着产品，从用户角度来思考，就有操作空间。

# 从“互联网安全公司”到“安全互联网公司”

今天的互联网领域很热闹。我们说互联网正在颠覆和改变很多行业，事实也的确如此，卖肉夹馍的、卖湖南米粉的、按摩的、美甲的，现在都可以出来做互联网企业了。这让我突然想到了自己小时候读的武侠小说。

> 武侠小说中会有一个套路：基本上都是一个初入江湖的少年，机缘巧合之下到了一座荒山、一个山洞，或者一面悬崖，获得了一个秘籍，或者遇见一个“高人”。经过几年或者十几年刻苦修炼，便有了一身武功修为，破境而出后功力大增，逮谁杀谁。

现在的互联网领域中有很多人走的也是这个路数：一个少年特爱吃或者爱用某样东西，然后花钱买了一个秘方，最后做成了一个互联网产品。

现在这样的“少年”很多，而且几家巨头公司也没闲着，它们有钱，所以任性。少年是“逮谁杀谁”，它们是“逮谁买谁”，恨不得希望互联网的每一个角落都有它们的布局和触须；恨不得用户出门打车、看电影、点外卖，都能和它们扯上关系，提供全流程解决方案。

这种情况下，奇虎360的员工也不淡定了，他们问我："老周，公司做到今天，我们下一步该往何处去，我们要做一家什么样的公司啊？"对此，我的想法其实很简单，我相信所谓的价值观。衡量一家公司的价值，在我看来，最重要的是看这家公司给用户、社会带来了多少有益的影响，要看它们是否能让用户离不开。这是所有商业价值的基础。

所以，我从来不会用一瞬间的收入、股价等来告诉员工和外界奇虎360是一家什么样的公司，更不愿意通过这些告诉员工和外界我们要做成一家什么样的公司。至于原因，也很简单——我们并不想把奇虎360打造成全业务、全功能的"地主"或"企业帝国"。我们也没那个命，我们的目标是把自己打造成中国乃至世界上最大的安全互联网公司。

对，没错，是做一家安全互联网公司。过去，我们常说我们是一家互联网安全公司，但现在我们把这两个词颠倒过来了。表面上看，这只是两个词调整了顺序，但实际上这是我们公司性质的转变，并且这个转变非常不容易。

今天我们说自己做互联网安全，一样可以碰到巨大的商业价值，实际上，我们刚刚进入的时候之所以能有机会，主要是因为巨头对互联网安全不屑一顾，在他们看来，做互联网安全就是做杀毒软件，这样我们才找到了生存的缝隙。到了现在，我反而觉得我们根本不需要赶时髦，什么赚钱做什么，因为我们坚信在这条路上就可以看到未来。我的判断是，未来5~10年，随着IOT的发展，还有各种高科技的发展，安全问题将会愈发重要。到那个时候，谁能解决安全问题，谁就一定是一家伟大的企业。现在，奇虎360至少在向这个方向努力。

所以，我们把自己从一家互联网安全公司重新定位为一家安全互联网公司，因为我们不仅要解决互联网的安全，还要利用互联网解决很多传统安全和物理安全问题。并且，在安全的基础之上，我们还会打造互联网的其他服务。比如我们今天有搜索、有游戏，也在跟光线合作，所以也会有影视。之所以这样做，就是要用颠覆式打法把安全做到极致，但我们不通过安全赚钱，而是通过互联网业务赚钱。毕竟，安全固然重要，但是也不可能让用户为了安全天天都泡在我们的安全软件或者安全界面上，所以在安全的基础之上，我们还要创造各种相关服务，既帮我们解决商业化的问题，也帮我们解决更重要的用户黏性的问题。

## 安全是人类最基本、最永恒的诉求

最近几年，我们做了很多事情，甚至已经成为中国最大的企业安全公司。现在不仅个人，企业也越来越没有安全感。特别是进入IOT时代之后，这种不安全感还会继续增强。因为随着云计算、大数据、移动设备的使用，企业会有越来越多的互联网业务，需要和整个世界、云端产生更多的连接。

例如，以往汽车销售公司对互联网的依赖度并不高，但现在大家都在造智能汽车，每辆智能汽车都需要用到智能手机，并且手机要跟造车的服务器时刻保持连接状态。这就给汽车销售公司带来了更多的风险，而一旦企业安全出现问题，自然会累及他们。这种情况下，企业安全也越来越成为一个刚性需求市场。

进一步讲，当年免费解决PC安全的时候我们就有一个理念——不仅解决计算机杀毒问题，还解决杀毒之外的其他很多问题，恶意网址我们要管，流氓弹窗我们要管，计算机快不快我们也要管。

发展到移动互联网时代，我们在手机上也有一个“大安全”的概念，就是除了正常的手机安全问题外，垃圾短信我们要管，欺诈电话我们要管，甚至连手机找不到了我们也要管——我们一直在努力解决一个更大领域的安全问题。

进入IOT时代，实现万物互联之后，我们身边的所有硬件都会变成互联网化的智能硬件，这时用户最担心的仍旧是安全问题。

> 举个最简单的例子，现在都讲智能家居，以后不仅家里各种家用电器和生活物品会智能化，甚至门锁也会实现智能化。门锁是家庭安全的最后一道防线，一旦被攻克，也就谈不上家庭安全了。所以，很多用户自然会对此有所担心。
>
> 假如有一个企业说它刚发明了一辆自动驾驶汽车，免费提供给用户。如果有一天，我们喝多了，正好让自动驾驶汽车送我们回家，我们敢坐吗？恐怕不敢，因为我们还是会担心安全问题——计算机死机了可以拔电源，手机死机了可以拆电池，但如果我们开的智能汽车死机了，恐怕我们的麻烦就大了，甚至会直接危及我们的健康和生命。
>
> 如果服务器被入侵了，可能汽车正在路上行驶，你本来想通过手机或者iPad触控面板拐弯，结果一个软件突然弹出来说需要高速下载，你才能继续进行拐弯操作，后果真的不堪设想。

所以，当我们每个人都在谈人工智能和万物互联的时候，往深里、细里去想，我们会发现，随着科技的发展，我们可能遭遇的安全问题不是越来越少，而是越来越多。

库兹韦尔写过一本书叫《奇点临近》，他提出下一个20年人类发展可能需要解决的第一个问题就是基因改造，实现的路径是把人脑和计算机连接在一起。在未来的科技中，我其实最感兴趣的就是纳米机器人。在日本动画片中，我们经常能看到很多人会变成半人半机械的状态。在我看来，这其实也代表未来科技和人体的一种发展方向，就是通过纳米机器人进行人体改造，比如实现人造血液等，它可能承担更多的血红细胞的传递工作。

但是在库兹韦尔的那本书里，他花了很多篇幅来讨论如果纳米机器人失控了该怎么办。可见，人们最担心的其实还是安全问题。所以我跟他开玩笑说，以后我负责保护计算机，他负责保护人脑。

有一部电影叫《特种部队：眼镜蛇的崛起》，影片中，纳米机器人可以把一个机器吃掉。现在很多人都在讨论做防火墙的问题，就像面对病毒一样，必须研制出一种药物来克制它。

这就是我们科技的未来。慢慢地，我们会发现，随着人类进一步智能化和高科技化，一方面我们的生活会越来越舒适和方便，另一方面，任何安全问题都可能带来更大的灾难。

未来，奇虎360的使命不仅是杀毒，还要解决这一系列安全问题。很简单，谁能解决安全问题，谁能让用户离不开，谁就能牢牢地和用户黏在一起，谁就掌握了未来所有商业模式的基础。

今天，大家可能有很多新鲜的玩法，每天会出现各种新奇的网站，享受各种便捷的上门服务，等等，可以说，每家公司都在创造不同的价值点。但是随着行业的发展，很多今天还很热的东西可能明天就没人关注了。比如之前火热的开心网，刚开始的时候大家都很迷恋，但似乎一夜之间就没人玩了。

与这些短时间的兴趣、需求相比，安全则是人类最基本、最永恒的诉求。没有安全，任何事情都做不了。所以，奇虎360很幸运，我们通过网络安全、计算机安全、手机安全起步，一直走到今天，我们的品牌就是“安全”，我们的口号就是安全第一。可以说，我们选择了一条正确的路。而在未来，打破狭义安全的范畴，我们势必会有更大的施展空间。

我们为什么要做手表？不是因为我们觉得做手表很酷，而是因为想保护中国几百万、上千万的孩子，保证他们的人身安全。同样，为什么要做摄像机？也是因为我们想要保护用户的家庭财产安全和家人的人身安全。所以，我们的产品最早叫“儿童卫士”“家庭卫士”。

在未来，每个人的家里可能会有局域网，可能会有几部手机、几台计算机、几个其他硬件设备同时工作，再加上电灯开关、电视、摄像机都是智能的，所以如果被人蹭网了，或者摄像机被人控制了，将会带来非常严重的安全问题。

所以，按照这个逻辑，未来我们还有很多事情要做，还有很多安全空间可以开拓。我们的使命是保护每一个人、每一个家庭。未来，我们也希望能保护每一辆汽车、每一个智能硬件设备。

我们之所以有信心在这个领域做得更多、做得更好，是因为我们跟其他做安全产品的企业有两个非常本质的区别。

### 1. 我们有品牌

奇虎 360 做了十几年安全产品，已经有了品牌基础，未来，我们还要不断强化“安全”这个品牌。无论做什么，安全一定是我们的底线，是切入点。

### 2. 聚焦

我从来不相信一个企业什么都想做，什么都去做，最后可以获得成功。要做互联网，要做手机，要卖特斯拉，我觉得如果你不是实力特别强悍的巨头，那么力量就会被彻底分散，最终什么都做不成。我们就是要聚焦在以安全为核心的领域，包括今天做互联网硬件和IOT，不是没有目的地瞎做，而是希望利用这些东西解决安全问题。

马云说他的梦想是要让天下没有难做的生意，我觉得这个总结得很好，它代表了淘宝、代表了阿里巴巴的使命。奇虎 360 的使命就是让每个人有安全感。我希望有一天，我们不仅能够解决IOT的底层安全问题，也能够借助IOT在应用层面的作用，成为每一个消费者的保护者，给他们提供安全感。

当你关注国家安全、社会安全、人身安全、财产安全甚至行车安全时，就会发现其中有太多的商业机会。如果你能够把安全问题解决好，那么就能赢得用户的信赖。如果我们能做到这一点，那么就不仅能获得商业上的成功，更能获得成就感和社会价值，最终为自己骄傲。

比尔·盖茨是个有钱人，但很多人不理解，他赚了那么多钱，最后为什么要把钱捐出来做慈善。他是为了虚名吗？自然不是。跟那些本身没名气、想靠做慈善博眼球的人不一样，比尔·盖茨已经足够出名了。在我看来，这样的举动其实来自慈善的基因。对于他来说，当他能够帮助别人的时候，当他被别人需要的时候，那种愉悦感和成就感可能比赚10亿美元更痛快、更强烈。所以，我觉得，我们今天做这些能够把商业价值和社会价值、公益、成就感完美结合在一起的工作，本身就是一件有意义且值得高兴的事。

## 我为什么要做手机

自从有消息说奇虎360要做手机开始，一直到今天，不断有人问我为什么要做手机。其实个中缘由一言难尽，酸甜苦辣，应有尽有，十分复杂。

### 1. 手机是智能硬件的核心

在人类发明的所有物件中，我觉得手机是跟我们最亲近的，甚至现在有种说法是，手机就是人体的一个器官，离了它，很多人都没法活。所以，我觉得在未来，只要是做智能硬件，无论是做智能家居，还是可穿戴设备，甚至是车联网，手机都会是很重要的核心。

事实上，在我真正做手机之前，就知道做手机不容易，当时有过投机取巧和别人合作做手机的想法，所以最开始的时候并没有下定决心孤注一掷地自己去做手机。最终出于各种各样的原因非但没有达成最终合作，还浪费了很多时间。这个想法行不通之后，我也想过回避做手机，找一个最简单的硬件，作为路由器，比如随身Wi-Fi、儿童手表、摄像机等。但是后来，我越来越发现，无论如何还是避不开手机，恐怕它在很长一段时间内都将是智能硬件的核心，我们必须尊重这个事实。

## 2. 手机市场仍有空间

不管外界形势如何变化，我觉得互联网是最有活力的。互联网本身有很多技术和产品创新，也可以有很多商业模式创新，所以互联网这几年并没有受到经济大形势的影响。

当奇虎360进入手机市场的时候，虽然竞争已趋白热化，但如果用发展的眼光来看，手机市场当时还有很大的想象空间。现在的年青一代喜新厌旧，一部手机可能用上几个月，不到一年就会换掉，也就是说，它的使用年限或者说更新换代的年限并没有想象得那么高，这种更新换代的速度让我看到还有很大的成长空间和机会。

## 3. 手机行业需要创新

按照摩尔定律，手机经过前面几年的发展和普及，硬件配置基本上已经达到很不错的水平。这也说明手机行业需要创新了。再往后发展，手机会变成什么样？它会不会被解构掉？比如有一部分屏幕变成视网膜上的什么东西，有一部分功能变成手表，等等。虽然我们无法确信，但它一定会变。

### 4. 保护无线互联网安全的需要

奇虎 360 是一家做互联网安全的公司，我们除了要保护计算机安全之外，也希望保护无线互联网的安全。手机的重要性越大，它在安全上出问题的危害就会越严重。

虽然现在的很多手机厂商，由于安卓的碎片化，也会在手机里边做一些类似 360 的软件，但是安全方面的功能可能并不如 360 软件做得专业。这个时候奇虎 360 即便有保护移动网络安全的想法，也无能为力，因为手机很难同时装两套安全软件。

也就是说，如果 360 软件在手机上没有足够的权限，那么很多功能就无法淋漓尽致地实现。所以我们希望通过参与研发手机掌握更多的技术，可以更深入地研究手机的操作系统。这样我们也可以把手机安全做得更好，让用户有更好的体验。

### 5. 对用互联网思维做手机的欣赏和遗憾

小米现在如日中天，雷军也成了大家公认的偶像。但是，如果我们往回看，就会发现，雷军刚刚开始做小米时，当时的“中华酷联”（中兴、华为、酷派、联想 4 家企业的简称）以及其他所有的手机厂商，对雷军和小米都是不屑一顾的，因为它们并没有看懂小米做手机的模式。

而我，不夸张地说，可能是整个行业里除了雷军之外第二个看懂小米模式的人。我不仅看懂了、明白了，而且对此非常欣赏。

当时，我也曾说服很多手机厂商和互联网结合，但我失败了。它们要么是因为基因的关系，要么是因为既得利益的关系，总之都没办法、没能力参与到与小米的竞争中。等到它们醒悟过来，并且下定决心去做的时候，已经只能跟在小米屁股后面跑了，因为差距已经太大了。

对此，我觉得特别遗憾：我猜到了开头，但我没有看到结尾。既然时间还不算太晚，这件事我想做但没有做成，倒不如坚持做下去。

这些就是我当时做手机的一些原因，现在看来，这是很多想法结合的结果。

当然，我在这里说一下最后一点原因，并不是说我们一定要跟小米竞争，也不是说一定要撼动谁、超过谁。每年都有几亿人要换掉他们的手机，这是一个巨大的市场空间，每个企业其实都有机会。我觉得最重要的是，你希望自己做的手机有什么独特的创新，在产品上有什么极致体验。我觉得只要瞄着产品，从用户角度思考，就有操作空间。

小米是一个优秀的企业，目前做得还不错。但我始终认为每个企业做大之后都可能面临一些创新问题。在我看来，企业有大小之分，这个可能取决于运气或者商业能力。我自然也欣赏做得大、做得好的企业，但说实话，我最羡慕的或者说最希望自己成为的还是一个能让人们觉得可以做出好产品、创新产品的企业。

今天的确有很多人在做手机，但其实以我这样一个老产品经理人的眼光来看，还远远没有达到极致。现在的确也有做得非常好的，但我觉得这更多的是商业模式创新的结果，或者说是这种性价比创新的结果。

我比较看好智能硬件，也希望能够做出一部比现在的手机更好的手机，让大家因为这个产品而觉得我们真正为用户做了一件有价值的事。这么一看，其实我骨子里还是想做产品。

从整个行业大趋势来看，其实互联网真正瞄准的是普通消费者，是替普通消费者解决问题。互联网有一个很重要的商业模式就是尽可能多地覆盖用户，然后从每个用户的身上赚钱，这样我们可能从每一个人身上赚得很少，但是加起来就是一个非常可观的数字。

这样的话，这种商业模式最不易受经济的影响，而恰恰在经济不景气的时候，人们在互联网上的花费（无论是娱乐，还是电商）反而会提高。并且，如今人们非常依赖互联网，可以不去外面逛商店，可以不采购新车，但没办法离开互联网，而且人们一定会用手机在互联网上进行更多的消费。在这个意义上，我觉得互联网的很多商业模式其实是反经济周期的。

更重要的是，现在还有一个更大的机会——互联网本身已经不再是一个纯互联网行业，它会和很多制造业相结合。很多制造企业原来做的硬件都可以变成智能设备，而且这些智能设备必须跟互联网相连。所以，如果改变传统制造企业的产品体验和商业模式，那么可能很多企业都会变成互联网企业。我认为它会比 3D 打印更现实、更快速地给很多传统行业带来转型升级的机会。

再从IOT的角度来看，我们不是单纯地把IOT里面的“T”理解成一个物件，它其实也可以是一个商业、一个产业、一个行业。你会发现互联网正在跟很多行业结合，比如互联网和租车，互联网和订餐，互联网和整个第三产业、服务业等。

过去女孩子可能都需要到美甲店去美甲，现在只要在家里按一按手机，就有人来提供上门服务。不仅美甲，现在还有上门做饭、上门按摩、上门理发等，只有你想不到的，没有企业做不到的。

其实，这种剧烈的冲击性结合，才是真正的万物互联网，而这种结合也势必会给企业带来更多全新的机会，当然这也是我们做手机的机会。

## 掐住“苹果”的软肋

5 年前，手机市场还是蓝海。那时候凡是做手机的，这个敢说自己是东半球最好的，那个敢说自己是西半球最棒的，就好像大家从来没有见过手机一样。事实上，那时的手机对于年轻人来说，也的确是第一代智能手机，所以只要拼参数、CPU 和跑分就够了，甚至只要你能给我一部用，我就谢天谢地了，根本不需要谈什么工艺和设计。所以我真的感觉十分遗憾，应该在那个年代就开始做手机。

现在，情况已经发生了很大的变化，用户对手机已经有了很深的了解，并且对一些品牌形成了依赖，这个时候再做手机其实已经有一定的难度了。所以很多人嘲笑我说：“老周，你都这么大年纪了，不在互联网领域好好待着，非要掺和做手机，这不是傻吗？”

其实，我就是有一点儿不服气，我是一个互联网产品经理，就是想看看如果我能得到一帮兄弟的支持，能不能做出一部和别人不一样的手机。

当然，我们的手机绝对不完美，也不敢说是最好的，但我还是希望它能有一些不一样的地方，而这或许就是我们的机会。

2015 年 8 月，我们举行了 360 手机发布会。在此之前，我看过老罗（罗永浩）的发布会，然后，我有了一种感觉，我应该和他调换了一下。老罗刚开始做手机的时候，我俩吃过一顿饭。当时，我是彻头彻尾的“雷军派”，坚持认为做手机要秉着“没有更便宜，只有最便宜”的原则，就是要比别人价格低，哪怕亏本也得这么干，而且绝对不能做千元以上的手机。当时，老罗看着我说，他只做 3000 元以上的手机。结果，没想到后来，我们两个的话竟然都对对方起了奇迹般的作用。

当我做手机的时候，已经满大街都是 599 元、799 元的手机。我当时问自己，难道我真的要做一部 399 元的手机吗？这真的是我想要做的手机吗？或许，做到 399 元的确可以实现性价比最高，但这种情况下，我们能比拼的无非就是一些参数，或者在成本有限的情况下，按照“帐篷”原则，把某一项做到最好，比如把钱花在 CPU 上，然后对外喊各种口号，说我们的手机特别好，跑分特别高。

实事求是地讲，这种游戏已经玩了 5 年了，我觉得再玩下去已经没有任何意义。我们是做手机的，卖的不是 CPU，也不是参数，何况那些参数很高的手机，用户拿在手里用了 3 个月后又卡又慢。更何况，第一代智能手机已经过去了，现在的用户已经对手机有了很高的认识，他们知道一部智能手机应该好在哪里。所以，我希望做出这样一部手机，让年轻人在换掉第一代手机的时候，能够感觉这是一部真正追求极致体验的手机。

现在很多厂商喜欢通过打击苹果手机给自己抬轿子，说苹果这里不好、那里不好。但可笑的是，他们的女朋友、请的明星、亲朋好友用的都是苹果产品。并且对于很多用户来讲，让他们从苹果手机换到用别的手机是一件很难的事。针对这个问题，我也问过很多用过苹果的用户。有一个友商说，根据他们的统计数据，40%的“果粉”都成了他们的用户；还有一个友商说30%的“果粉”弃用苹果手机而改用他们的手机。按照这两个数据，“果粉”应该还剩不到30%，因为还会有其他厂家出来说百分之多少的苹果用户选择了他们的产品。然而，现实却相当残酷，苹果份额在中国不断上升的事实和数据说明前两个数据还有待考察。

对此，我的想法是我们如何在不堆砌参数和器件的情况下，把手机体验做到极致，然后在这个基础上，再来谈如何超越苹果。

奇虎360做手机自然也少不了对苹果手机进行研究和探讨。结果越是研究，越会发现苹果无论是制造工艺、制造水平，还是软件系统，在同行业都遥遥领先。这是一个不争的事实。但是也正是在这样的研究中，我们发现了苹果手机的一个“软肋”，就是安全。

苹果是国外品牌，所以对中国国情缺少了解，他们不知道在中国手机上可能会出现的不安全因素，因此缺少相应的防控功能和配置。但奇虎360不一样，我们是一家多年以来始终坚持做互联网安全的公司，在安全方面有多年积累的技术和经验。找到了这个点之后，我们内部就考虑要把安全做到行业第一，在这一点上超越苹果，做一部中国最安全的手机。

当下生活中，其实存在很多不安全因素，比如马航370失联、电梯“吞人”的惊人事故，还有天津的危险品爆炸等，我们似乎生活在一个特别没有安全感的时代。所以，当我说奇虎360是中国最大的安全公司时，其实是心存忐忑的，因为我们对很多安全问题还无能为力。但是作为一家安全公司，我又不甘心在用户面对这么多不安全的情况时，只能袖手旁观，只能做一做免费杀毒，只能做一做计算机优化。我觉得这个不是大家要的安全感，也不应该是奇虎360能带给大家的全部安全感。所以在过去几年，我们做了很多在物理世界、在现实生活中能改变安全问题的工作。

当我决定做手机的时候，就在想手机里真正的安全问题有哪些。现在提起手机安全，很多人的观念还停留在过去，比如觉得自己不浏览黄色网站、不随便下载APP就不会有安全问题，其实这是个错觉。今天的手机，已经不仅仅是一部手机，它更是我们的钱包，是我们的银行账户。我们用手机绑定银行卡和手机银行，用手机理财和炒股，如果没有相应的保障，那么我们的财产安全随时都可能受到威胁。

举个简单的例子，比如我们经常接到短信，说机票需要改签，如果我们真的打电话过去，可能就会掉进电话诈骗集团设计好的陷阱。这种电话可能连最牛的iPhone也识别不了。我走访了很多“果粉”用户，他们觉得苹果手机哪里都好，就是识别不了诈骗电话、骚扰电话以及各种垃圾短信。

再比如，有个人在某一天突然收到一条车辆违章的短信，提醒他下载一个APP。这个APP可能就是一个木马病毒，如果他下载了，这个木马病毒就可以在他的手机上自动完成一笔交易。在很多银行交易中，虽然我们没有把密码告诉别人，但是会收到一条银行发来的带有验证码的短信，木马病毒就可以把这条短信截获，然后替我们完成转账和交易，我们的真金白银就这样没有了。

很多人会疑惑，我们的手机装了支付宝和手机银行APP，它们为什么不能保护自己呢？其实原因很简单，它们能够保护自己的安全，但在我们的整个操作过程中，还有很多步骤和环节是这些APP接触不到、控制不了的。也就是说它们只能保证一个或者几个环节的安全，而无法保证整个流程的安全，也就没有办法完全保障用户的财产安全。

最近几年，通过手机对个人财产进行的攻击愈演愈烈，甚至手机诈骗已经形成一个庞大、完善的产业链。手机诈骗跟传统的诈骗还不一样，他们有很强的技术能力，并且花样繁多，普通用户防不胜防。

我们在自己研制的手机里面做了一个财产保险系统，通过四步确保财产安全：

（1）我们会有一个经过验证的安全市场，保证用户下载的每一个银行、理财、炒股、交易支付APP都是被验证过的，都不是伪装的木马病毒；

（2）我们在手机里面搭建了独立空间，以保障用户在理财或者处理银行交易的时候，不被其他木马病毒入侵；

（3）用户在交易的时候，奇虎360会提供一个通信专用通道，保障用户的通信不被截获；

（4）我们把这种含有校验码的通知短信进行隔离加密处理，保证最后一步交易不会由别人来代替操作。

通过这个系统，用户在整个手机交易过程中的各个环节的安全都得到了保证。对于用户来说，财产安全绝对是大过天的事，但对于我们来说，却并非多么困难的事，因为奇虎360这些年一直做的就是安全方面的工作。2015年第二季度，我们截获了550万个病毒样本，平均每天截获6.04万个；累计拦截钓鱼网站攻击8.5亿次，平均每天拦截攻击944.3万次；我们在过去的七八年里建立了全世界最庞大的诈骗、骚扰电话识别库，360手机卫士识别和拦截骚扰电话80.1亿次。我们有信心实现一个目标——如果你用的是360手机，那么打进来的任何电话，你都能识别哪个是诈骗、哪个是骚扰、哪个是二手中介，我们的终极目标就是让天下没有陌生来电和短信。

这就是我们做手机的优势。在发布会上，我曾经承诺，如果用了我们的财产保险系统，钱丢了，那么我们最高赔付 12 万元。我这样做，只是为了证明我们在保证手机安全方面有这个能力。通过做手机，我们可以进行深度整合，可以拥有更多底层的权力，将安全做得更加强大。未来，或许安全仍旧不是用户购买手机的全部理由，但我们相信 360 周鸿祎做的手机绝对不会再让你和家人丢钱。

第八章

# 重新治理公司：赋能与人

创业就是一场马拉松式的接力赛，一方面，这是一个长期、艰苦的过程，没有七八年达不到目标；另一方面，它又要求必须以百米冲刺的速度去竞争。这一切都需要优秀的创业团队来支撑，要求他们能够前赴后继，要求他们改变世界的精神不变，同时要求企业捆绑个人利益与企业利益的激励机制永在。

## 你好！合伙人时代

创业，不能只学会让员工为企业创造价值，更要学会回馈员工、分享股权，把有能力的员工变成创业合伙人或者事业合伙人。

无论任何时候，公司都需要新鲜血液。但现实情况是，有些人创业的时候或许还好，一旦公司上市赚钱了，心态就不一样了，甚至故步自封，接受不了新的挑战和压力。因为这种自满自大，他势必会被时代淘汰，公司要想获得长远发展，必须持续有年轻、优秀的人才进入。

### 1. 找合伙人来医治公司

我做奇酷手机的时候，从产品开发到组建团队，整个过程基本就是二次创业，当然我说的更多的是那种可以感知的创业心态和激情。这不仅是对我个人而言，新团队中的每个人，在这个过程中都展示出一种真正创业者的精神，都担当着创始人的职责。因此，在这个过程中，我更加深刻地体会到创始人精神的重要性。

我在很多场合提到过，我对“创始人精神”的理解是——不管身处何种职位，都要看到自己与企业荣辱与共、休戚相关，对任何伤害企业利益的事都会勇敢地站出来反对，对任何能够给这个企业增加价值的事都会努力使其成功。

但是，在创业期或者小企业还好，企业一旦做大了，员工就容易丧失创始人精神。对这一点，我感受特别深刻。公司小的时候，即使是打工的，也有责任心，也会对事情负责；但公司大了以后，为了降低风险，要引入管理流程，实际上，这把企业里的人际交往搞得非常复杂。最后你会发现，每个人都在做整个流程中的一个环节，慢慢就没有人对全局负责了。大家都会觉得这事不取决于我，因此每个人都会丧失责任心和推动力。每个人都不作为，合起来，企业就会出问题。

所以，我们要把员工变成我们的合伙人，来医治一家越来越大的公司。并且，在我看来，未来，或许并不存在大公司，只有大平台或者事业合伙人的自由连接。

任正非说过一句话：“把指挥权交给离炮声最近的人。”就是说企业大了，容易形成官僚文化，真正指挥的人根本不知道一线发生了什么，然后根据流程层层上报，最后势必会贻误战机。所以，我现在要做的，就是把公司庞大的集团军变成很多特种小分队，他们可以灵活创新，可以往前冲。公司在后面，可以给他们提供军火掩护和空中支援。

我觉得奇虎360目前正处于需要二次创业的阶段。未来我会在公司发挥两个重要作用：一是定战略方向；二是搭班子、带队伍。我希望找到更多新的合伙人，把公司很多业务拆分出来，交给他们管，未来这些拆分业务可以独立上市，这些合伙人也可以拿到股权。

我相信，我要把一条臃肿的大船变成很多条小船、快船，这些船上少则有十几人，多则有一两百人。这时，围绕一个产品，每个合伙人才能真正感受到自己的责任。

## 2. 合伙人应具备的素质

合伙人的重要性决定了我们在这件事上来不得丝毫马虎。我经常说一句话——找合伙人比找老婆还难。以下是我找合伙人的几个要求。

### （1）合伙人首先应该有创业精神

有些人很渴望创业，但他们可能不具备足够的资源，也可能能力还不是很全面，不足以独立创业。如果真有这种人，可以来找我。有资源、资金和很多不错的产品创意，或者我们可以成为合伙人。

我个人比较喜欢扶植早期的创业者，我认为投资首先应该是投人，人是第一位的，然后才是项目。我虽然明白这个道理，但在前期还是容易因为过于关注产品而在投资上犯错误。比如我总是习惯性地先看项目，有时候爱屋及乌，喜欢一个好项目，也会发生“移情”，连带着喜欢做这个项目的人，甚至会想象自己在做这件事，会做得多大多好，然后自动忽略创始人的缺点。这就容易导致判断失误。经过这些错误之后，我更加认可了一个道理——项目再好，如果人没有投对，最终都是悲剧。

还有一些创业公司之所以失败，就是因为创始人太自负、太自我，别人的意见根本听不进去。我就怕这种创业者，投他之前可能还表现得很谦虚，但投完之后就变了，说什么都听不进去，遇到这种情况，创业公司基本会死掉。

所以，我找合伙人首先要求他有创业精神：一方面，创业是他这辈子心心念念想做的事，他能够自我激励、自我驱动，毕竟同样一件事，用打工的心态做和用创业的心态做，效果完全不一样；另一方面，他要具备基本的创业者素养，知道什么该做、什么不该做。具备了这两点，创业者才能自我燃烧，激发出主动性、创造性，并且不会出现太大的偏颇。

**（2）合伙人要有很强的学习能力，也就是乔布斯口中的A级人才**

我找合伙人，一定要找最优秀、最会学习的人。比如在手机研发团队中，我需要具有创造性的人才，如果这个人不够聪明、不善于学习，是很难完成这项工作的。我读过一本书叫《合伙人》①，该书作者费洛迪对于"佼佼者与平庸者"的分析很到位。他指出，一位顶级人寿保险推销员的绩效比一般推销员要高 2.4 倍，而出色的软件开发者或咨询顾问的绩效比他们的同侪高出 12 倍。

① 费洛迪. 合伙人：如何发掘高潜力人士[M]. 高玉芳，译. 谢非，校译. 北京：中信出版社。2015.

所以，我看不上的人，我就不会跟他合作。但另一方面，我既然跟你合作，就要不断地去挑战你，帮你发现问题，帮你改进问题。平时我会花很多时间跟我的团队去争论、去讨论。如果我的合伙人做得不好，我会比较直率地告诉他们。我觉得一个学习能力很强的人，应该是不怕挑战的。这也是我愿意选择他们的原因。

**（3）合伙人要有很好的开放合作心态，因为要成功一定需要跟很多人合作**

在我看来，跟合适的合伙人在一起工作，两个人之间的默契较之跟自己的另一半在一起应该有过之而无不及。真正的合伙人，必须在有问题发生时懂得问自己能做什么，而不是互相推诿，必须充分信任、彼此尊重。他会让你觉得既能毫无顾虑地欺负他，也恨不得执子之手合伙到老。甚至你的合伙人会比另一半更懂你，不用太多交流，一个动作，一个眼神，尽在其中。

## 3. 得人者得天下

读过《合伙人》一书后，我一直在思考一个问题——传统高管的概念也许已经过时，我需要的不仅仅是高管，而是真正的事业合伙人、创业合伙人。我觉得创业初始阶段，以下几点特别重要，正在寻找合伙人的创业者不妨自我对照一下，看看自己是否合格。

**（1）懂得人的重要性**

一家公司最宝贵的资产不是理念，更不是宏大的规划，而是人。人是决定事业成败的关键因素。

从另一个角度来看，创业就是一场马拉松式的接力赛，一方面，这是一个长期、艰苦的过程，没有七八年达不到目标；另一方面，它又要求必须以百米冲刺的速度去竞争。这一切都需要优秀的创业团队来支撑，要求他们能够前赴后继，要求他们改变世界的精神不变，同时要求企业捆绑个人利益与企业利益的激励机制永在。

**（2）花时间找合伙人**

雷军说过，他在小米成立之初就非常明确一点——“要找一群相当靠谱的人”。于是他拉了一个名单，打了近百通电话。小米成立 4 年后，成了徐小平口中的“人类历史上达到百亿美元销售、百亿美元估值发展最快的公司”。但在这种前提下，小米依旧在花费巨大的精力找人。

事实上，找人是天底下最难的事，所以要想找到优秀的合伙人，我们要投入更多的时间和精力，在找人上多下功夫。

**（3）先团队，后产品**

有了好的合伙人，组建起好的团队，才会有好的产品。

我的经验是，企业对于人才的需求会根据企业的发展有所差异，也就是说，不同的阶段和市场环境需要不同的产品、人才以及专业技能。只有新人不断进来，企业才有未来。我从来没有见到过一个团队一直保持最初的成员就能走向成功，即使桃园三结义的刘、关、张，为了打天下，后来还得加上赵云、黄忠、诸葛亮等能人干将。这是一个新老交替的问题，想必很多企业都没有足够重视它，做得也不够到位。

事实上，企业需要新员工的加入，就好像人体需要新鲜血液，需要换掉坏死的器官一样。但新的器官移植到身体中，难免会产生排异反应。这时，就需要领导者帮助新人融入公司环境。

我常对创业者说："设计一个吸收人才的蓄水池，把新人的利益与企业的未来紧紧捆绑在一起，这样大家做事才会更有积极性。这种积极性产生出来的价值，要远远大于被稀释掉的价值。"

**（4）打造你的合伙人模式**

2015 年，合伙人制改革最热闹的企业要数万科。改革中，万科 2500 多个骨干员工持有了公司超过 4% 的股票，成为万科的第二大股东。

从员工转变为合伙人，这种转变更好地解决了投资者和员工之间的利益分配问题。这些股东拥有职业经理人和事业合伙人二合一的身份，既为股东打工，也为自己打工，与公司的利益变得一致了。

总之，我们要把合伙人拉到同一条战线上，摆脱那种被动投资和被动创业的局面。整体来讲，我认为这是一种符合未来趋势的企业管理模式。我认为创业者要找到最适合自己的合伙人模式，甚至是在公司成立之初就要开始琢磨这个问题。徐小平也曾经说过："合伙人的重要性超过了商业模式和行业选择，比你是否处于风口更重要。"

## 改造公司的四大法则

我最希望自己的公司达到这样一种状态——每个人都像创业者，大家有激情，有创造力，不甘平庸，永远追求与众不同。

奇虎 360 刚刚起步的时候，其实就是一家只有几个人的小公司，就我和几位高管，然后大家都跟着我们打酱油、跑龙套，很多实际的工作还是我们自己在做。

发展到现在，奇虎 360 的员工已经达到 7000 人。这时，我认为仅仅靠几个聪明的脑袋远远不够。因为即便我们这几个人再聪明，每天 24 小时不睡觉，也不可能解决所有问题。

所以，为了公司能够保持一种创业状态，我觉得有必要创造一种类似于硅谷现在正流行的“合伙制”机制，使得团队能够自我设计目标、自我激励、自我驱动。

## 1. 做好员工培训

一切问题最终都是人的问题，所以我认为要想达到理想状态，首先要把员工培训好。过去，我们只是一味地用人，虽然公司业务飞速膨胀，但我们在培训上做得远远不够。

比如我们很多中层，虽然业务能力强，是单项冠军，却不懂管理；有些人管理 5 个人很棒，但当他管理 50 人、100 人之后，你会发现整个团队创造的价值还不如他一个人创造的价值大，这就是因为管理上出了错。

总结一下，过去我们过于强调一个人的业务能力，却没有从公司治理的角度意识到可能出现的领导力、管理力甚至情商等问题。

## 2. 给新人创造更多的机会

公司做久了、做大了之后，我开始反思用人方式。从整家公司来看，永远就那么几张老面孔，永远就那么几个熟悉的人，因此就总有一些习惯性思维，更缺乏一种机制，去明晰员工的职责与角色。

我们的目标是成为中国最大的 IOT 互联网公司，为了达成这个目标，我认为奇虎 360 应该更多地去尝试自组织管理模式，像“合伙制”中提到的，不再是老板、老员工带着新人工作，而是大家都更像一群创业者，每个人都更富有创造力，及时应对市场的变化。

### 3. 向自组织管理模式靠拢

在《重新定义管理》[①]《创新者的窘境》等几本经典著作中，对公司规模和创新之间的关系有一个几乎相同的描绘：公司大了，业务模式成熟了，追求的一定是安全，而创新就意味着要承担风险，所以大公司和创新之间很多时候都是矛盾的。这一点我比较认同。

现在很多大公司也意识到了这个问题，所以会在现有业务的基础上，找一些创新的点去开拓，试图激活死水。但在我看来，把成熟业务和创新业务放在一起，并且用一套标准去培养，结果一定做不成，最大的可能就是最后把资源倾斜给那些可能没有创新性，但今天很成熟、能带来收入的业务。特别是企业已经上市之后，你要关心利润，要关心收入，这是不以个人意志为转移的，也不是CEO说我们要创新就可以创新的。这种情况下，唯一的办法就是改变公司的治理结构，让你的公司向自组织的管理模式靠拢，实现类似“合伙制”的互联网时代的管理。

#### （1）管理扁平化

层级不能太多，因为你的反应要很迅速。

#### （2）改变权力结构

你要改变原有的金字塔形权力结构，以往我们都是CEO一个人做决定，然后把决策交代下去让别人执行。但说实话，这种模式不会带来创新，

---

① 布赖恩·罗伯逊.重新定义管理：合弄制改变世界[M].潘千，译.北京：中信出版社，2015.

一定要把创新的权力交给离市场和用户最近的年轻人。

所以，我还是建议那些大公司，不要再像过去那样追求帝国式的企业，将企业越做越庞大，最后变成一个庞然大物。因为这种企业模式不一定适合未来，这也是美国要反垄断的一个原因。

### 4. 培养更多的CEO，而不是培养更多的员工

现在，我们做了几个智能硬件——路由器、摄像机、儿童手表、手机、行车记录仪。但在我们的架构上，这其实是5家完全独立的公司，每家公司都有自己的领军人物。

当然，这样做有点儿像诸侯制，而有些企业向来强调中央集权。事实上，关于企业的这两种形态到底孰优孰劣，向来都有争议。很多企业希望搞大帝国，想要一统天下。这样做当然有道理，毕竟都拆成小的“封地”之后，势必会松散。但我个人认为，小有小的好处，特别是在创新方面。150个人是团队的上限，人多了之后，沟通、效率会急剧降低。小企业规模小，创新能力会非常强。所以，我的建议是要培养更多的CEO，而不是更多的普通员工，然后让他们在小区域范围内带领员工突破大体量的限制，打破常规，实现创新。

## 建立“铁打的营盘”

中国有句老话叫“铁打的营盘，流水的兵”，说的就是人的流动性。我相信，创业初期，当团队里有人离开时，肯定有不少创业者拿这句话来安慰自己。但我觉得这句话会误导人，因为它把营盘（企业）和兵（员工）的关系完全视为单纯的雇佣关系。

对于创业团队来讲，如果每个员工都把自己做的事仅仅当作一份工作，当作一种解决财务问题的工具，那么这个营盘绝对不会是铁打的，而是纸糊的，稍有风吹草动，就会坍塌。所以，我认为营盘究竟是铁打的，还是纸糊的，归根结底取决于有没有一支优秀的团队。

打造一支优秀的团队，这是整个创业过程的重中之重。当然，具体如何打造一支铁打的优秀团队，仁者见仁，智者见智。在我看来，万变不离其宗，最重要的是把握以下三个要点。

### 1. 不能完全以发财为目标，一定要有某种程度的理想主义情怀

我在互联网行业里干了10多年，这10多年里，从来没有见过一个为了解决财务问题而凑在一起，并且最终能够走向成功的团队。相反，这样的团队一旦遭遇挫折，很容易悲观失望，或者一旦外面有更大的现实利益诱惑，就会分崩离析。

我曾经在奇虎360内部，让人力资源部门做过统计，看一看跟我合作超过10年、超过8年、超过5年的同事分别有多少并且都是谁。在这一批人里，有我第一次创业就跟着我的；也有我在方正时的同事，有后来我做3721的时候加入进来的；还有我在雅虎时的团队成员，然后中间离开几年，后来又加入奇虎360……

看了这个名单，我很感慨。如果那时候我跟他们说："出来跟我干吧！到时候发财了咱们大碗喝酒、大口吃肉、大秤分金。"我估计他们不会跟我合作这么长时间。相反，我们的目标是做出最牛的互联网产品，让人们的互联网生活更方便、更安全。有了这个目标，大家才能持之以恒地走下来。

### 2. 财散人聚，要有激励机制，把大家的利益捆绑在一起

建立团队的时候，我最不希望的就是员工是单纯奔着钱来的，因为我觉得这样的人里面投机分子太多。但跟着我的人不是奔着钱来的，并不等

于我就不为他们的收入和利益考虑。相反，我觉得作为企业管理者，一定要替员工考虑财务问题。

我们每个人都要生存、都要生活，谁都不能免俗。就算是一个理想主义者，也要养家糊口，也希望过上体面的、有尊严的生活。并且，创业是一个消耗健康、燃烧青春的事，对于这些愿意跟着企业去打拼的人，我们不能仅在嘴上说要对他们好，更要签协议，让这些燃烧青春的人也能一起分享未来的收益。否则，财聚人散，企业也就没什么未来了。

正因为这样，奇虎 360 从一开始就做了员工持股计划，最初员工持股比例达到 40%，最后几轮稀释后在上市前降低到 22%。这个比例在今天的互联网公司中算是最高的了。股权期权制度在西方已经被证明是有效的，是可以把团队利益和企业利益捆绑在一起的。我觉得这一点做好了，讲理想主义才能讲好，做思想工作才能做好。

### 3. 解决新老交替的问题，留一部分利益给未来

企业在成长过程中，走弯路，遭遇挫折，都是在所难免的。这时，会有团队成员因为不认同企业未来的发展方向，或者因为有更大的现实利益诱惑而选择离开。另一方面，企业在不同的发展阶段也需要不同的人才，只有新人不断进来，企业才有未来。所以，我们在进行公司治理时，一定要有新老交替的概念，并为此做好准备。

在我看来，解决新老交替的最好办法，就是激励制度。比如，在奇虎

360，老员工技术能力强，做事风格踏实，不骄不躁，他们可能不是管理层，走的是技术专家路线，但他们是新员工的榜样，也受新员工的尊重；而对新员工来说，他们也不是单纯的打工者。

奇虎360有个常青树计划，按照这个计划，奇虎360每年会拿出总股本的5%，为有突出贡献的员工发放期权，作为奖励。拿出这5%，当然就意味着需要稀释其他投资人的比例，但我对投资人说，设计这样一个蓄水池，最大的好处就在于吸收人才、激励人才、留住人才，激发出他们的积极性。我们这样做，或许当下看起来利益会受损，但他们将来创造的价值要远远大于我们今天被稀释掉的股份的价值。

投资人当然也都是熟悉互联网行业的明白人，这么说明白之后，他们也就同意了。这就是我说的“留一部分利益给未来”。

西方企业的各种激励制度和管理方式都建立在对人性的理解上，这一点我是认同的。所以，我在这里讲的建立团队、设计激励机制、完成新老交替，以这种方式建立“铁打的营盘”，其实也是这些理论的一些具体实践方式。我是一个喜欢读书的人，其中以国外的翻译作品居多，管理类的书籍我也会经常阅读、思考。其实，马斯洛已经讲得很明白了，人的需求分好几个层次，不同阶段有不同的需求。我建议创业者最好多读、多看、多思考，这样你就会知道，不违背人性，才能在团队建设和公司治理方面事半功倍。

## 把大公司做小

有一次，一个老员工给我发了一条短信，我觉得挺有意思。在短信中，他问我："周总，你怎么把公司的一些业务停掉不做了？还有一些竞争对手造谣，说我们的路由器也让其他企业做了，我们的很多业务都不做了。"

其实，这也是我们公司的一个策略，只是我从来没有当众说过，所以很多人有了误解。这个策略提出的时候大概是在2015年，而2015年我们要解决的一个重要问题就是如何让公司继续保持创业文化，继续保持冲击力和执行力。

公司小的时候，或许做到这些很容易，一旦公司整体架构变得庞大，规模变成7000人或1万人，甚至几万人，那么想要在这么大体量的基础上保持速度，几乎不太可能。所以，我们的应对策略就是把公司做小。

当然，把公司做小，不是说我们原来有员工 7000 人，明天就裁员只留 700 人，这不是我们的目的。实际上，我们在人员上并没有多大变化，而是在业务上采用了以下两种策略。

### 1. 分拆业务部门

把一些重要的业务拆分出去，当然在归属上，它们都还在整个奇虎 360 集团下面，我们还是它们重要的股东，但我们可以让它们保持独立。

### 2. 选择专业的合作伙伴

在一些专业领域，我们会选择一些合作伙伴，用投资的方式把它拉到我们的集团，但依旧要保持其独立性。

在我看来，未来的互联网时代，企业的竞争力主要是由它的创新力、执行力和速度决定的，而不是由它整体的体量决定的。所以，我们经常可以看到，一家大公司的下属部门经常干不过外面一家独立的创业公司。

很多从大企业出来的人都会有这样一种感受：企业越大，部门之间的壁垒越多，内部扯皮越多。并且，企业大了之后，为了整体进行管理，还需要引入各种各样的管理措施，而这些管理制度虽然非常必要，却会大大延缓企业运营速度和效率。还有一些人，自己创业做企业的时候，战战兢兢，有很多压力，也有很多动力，但一旦被别人收购，到了一家大公司，就会有一种天塌了还有别人顶着的想法，心态马上就不一样了。

所以，我希望未来能够在众多的公司里面发掘一些真正的创业企业，真正有创业心态、创业文化和创业精神的企业。当然，我们也愿意给年轻人更多的施展空间，并且公司的很多业务需要的不是一个经理，而是一个CEO。所以，虽然我们没有对外说，但实际上，我们已经把不少业务都拆分出去了。

比如“鲁大师”原来是我收购的一家公司。2015年，我打算让它重新独立，独立以后，整个团队反而有了更大的激情，并立志要成为中国最好的手机评测软件。在奇虎360内部，类似这样的例子还有很多。对于这些小团队的管理者来说，只要他们能够像创业者那样去思考、去做事，并且有那样的能力和激情，而不是把自己当成一家大公司的打工仔或者只是一个经理，那么他们就有机会在奇虎360的庇荫下有所作为。

今天，在互联网行业，有人向左，有人向右；有人想把盘子越做越大，变成一个帝国；有人想把团队进行拆分，让业务在外面获得独立的发展和更大的空间。或许，从短期来看，这两种做法还无法评判到底孰优孰劣，但可以预见的是，企业一旦越做越大，团队凝聚力就比较容易流失，这种并购帝国也很容易崩塌。

但另一方面，有些互联网巨头非常聪明，它们不再什么事都自己做，而是把很多业务独立出去。道理很简单，因为成熟业务的管理方法和初创业务的管理方法、衡量准则必然不一样。很多时候外面的创业者比大企业的部门管理者更能干，不是因为他们更聪明，也不是因为他们更有钱、资源更多，而是因为这帮人真的是全力以赴专注在一个事上。所以，很多创业公司确实九死一生，但是最后能站出来的都是非常了不起的公司，因为小团队没有资源或缺少资源，才逼得它们发挥这种潜力。

相反，资源越多，钱越多，有的时候反而失败得越快。钱多，产品再烂都能打广告卖出去，都能往渠道塞货，用户只要一捆绑，少则几十万，多则上千万，都能捆进去，谁还愿意去改进产品？并且，没人会认为这是因为企业用户多，他们都会觉得这是因为自己的产品体验好。当然，做不好也没关系，只要跟领导解释一下客观条件有多么艰难，那么工资也不会少，甚至做不好换个部门、换个项目还可以继续干。所以，有时我也感慨，这样的人其实永远不可能创新，创新都是被逼出来的，很多公司都是被逼得走投无路，最后才想出各种各样的方法，把产品做得极具创新性。

所以，我们很重要的一个思路就是，要在内部给更多的团队松绑，可以在内部孵化，也可以让各个团队独立往前冲。当然，我们也同时强调，虽然做了品牌的切分，但以后凡是跟安全、安全感、保护有关的，都必须用奇虎360的品牌。所以，搜索跟安全没有关系，就用独立的品牌。当然，用独立的品牌并不意味着搜索不是我们的业务。所以，做儿童手表我们要用360品牌，做智能摄像机我们要用360品牌，但如果我们以后做了一个音箱，那我们就不会用360品牌，因为它不属于安全和安全感的范畴。

除了内部孵化之外，还可以加大和其他企业的合作。其中的原因也很简单，在很多新的领域，术业有专攻，作为外行，我们要想进入，不是简单找几个人，从别人那里拿一个成熟方案就能做得出来的，更谈不上做好。

比如老罗，他的确非常厉害，但他在做手机时没有找到真正懂供应链的人。T1手机在供应链和产能方面遇到了很严重的问题，导致销量远不及预期，甚至资金链差点断裂。关键时刻，公司CFO为T1手机定了产能，并让“钱打滚”了十几个来回，才让锤子科技活了过来。

罗永浩的锤子手机把“产能”这个平时我们很少关注智能手机“能力”的词，更频繁地和普及性知识暴露到了公众面前。恰恰产能是所有新手机厂商在克服了研发、销售、生产之后遇到的最大的拦路虎。往往手机产能跟不上的时期，厂商要承受非常大的压力，包括消费者、媒体的质疑甚至攻击。

上游产能不足，对手机出货量的影响很明显。上游供应商的集中度过高，导致2012年小米2发布之后一直缺货。主因是小米方面在小米2投产前对上游晶圆厂的预测比市场需求低了很多，晶圆厂又没有重视28纳米工艺的复杂程度，投入产品线的时间也晚了，最终造成2012年年底全球28纳米芯片缺货。

对于手机公司来说，“设计”是面子，“供应链”则是底子；有面子，无底子，最终产品在发布时会和设计之初有很大落差，甚至生产不出来，这生意不做也罢；有底子，无面子，产品生产出来之后却不懂得帮它找客户，赔了夫人又折兵。

所以，我们在做手机的时候，找到了酷派，就是因为酷派一年可以出6000万部手机，这说明它至少在供应链、原材料、质量品控以及硬件上是可以信任的。与酷派合作之后，我不用再去重复这些东西，而是可以把时间和精力腾出来定义顶级配置，定义手机软件。通过这样的方式，我们反而可以更加快速地推进我们的目标。

此外，我们的第二版路由器做得比较不错，也是因为我们找了专业的公司来合作。而小米，现在之所以能够同时做手机、手环、耳机以及其他产品，其实也是学习了凡客的经验。凡客最开始只卖衬衣，做到后来连袜子都卖了。所以雷军后来做产品的时候，学习了陈年的经验——虽然很多产品挂着小米的品牌，但实质上并不是小米公司自己做的，而是它投资的一些外围友商做的。这其实是一种很明智的策略。

在硬件方面，实事求是地说，我们做一个智能手表几乎折腾了两年，路由器也做了一年多。做硬件不像做软件，里面的水很深。并且软件做错了可以不断修正，程序不行也可以不断更新，但硬件不一样，一旦做坏了，卖给用户之后反而是最糟糕的情况。所以，做硬件真的不是那么简单，每个参与的人都会有同感。特别是我们将来要做互联网硬件，要实现软件、硬件、互联网服务三位一体，更是难上加难。所以，未来我们会采用更多的方法做这些事情，比如我们会投资一些传统硬件制造公司。

我的观点是，互联网企业有互联网企业的优势，比如我们有流量、有产品体验方面的经验、有对互联网商业的理解，但同样，我们也不可能颠覆所有公司，更不可能取代硬件制造商。

以前，我曾经多次看过格力的广告，但对格力并不是特别了解。后来亲自去参观了一次，才发现格力确实很了不起。中间还有一段小插曲，他们研制了一款冰箱，把水放进去零下7度也不会结冰。但是当我把水从冰箱里拿出来随手一晃，马上就结冰了。看起来很神奇，后来我了解到，其中用到了很多潜艇、军舰的技术。

看过格力之后，我更加明确了一件事，很多传统厂商缺的只是互联网知识，它们自身其实已经在行业里有很深厚的积淀。如果我们投资它们，把它们拉到我们的阵营，或者跟它们合作，让它们变成奇虎360的盟军，那么无论是对于我们，还是对于它们而言都是利大于弊。并且合作以后，我们可以进入更多的互联网领域，以后也不会是奇虎360的某个部门去跟竞争对手竞争，而是我们支持的一家最专业的互联网公司，由它代替我们去跟竞争对手竞争。

所以，外部投资加上内部孵化，这就是奇虎360今后的互联网硬件产品打造策略。未来，在符合安全这个大方向的基础上，我希望奇虎360能够有多个品牌、多个团队，并且每个团队都能成为一支拉得出去的舰队，它们可能人数不多、体量不大，但目标足够专一，因此在每一个领域都能做出一些成绩。这是我们的期望。

所以，如果让我现在回复那位老员工的短信，我会告诉他："我们的确在进行业务拆分和投资，但这不是在示弱，更不是干不下去了，而是在变阵。在新的竞争局势下，我们一方面要保持每个人都能快速推进，另一方面又要保证能'打群架'。"

现在奇虎360可能还是一艘军舰、一艘航母，我希望将来能变成一支特遣部队。我也希望将来我们不是只有一艘航母，而是拥有几艘，会有驱逐舰、护卫舰、潜艇、舰载机，是一支舰队，这样才能有真正的战斗力和竞争力。

## 卓越领导者的四点修炼

> 我曾经和一批年轻的创业者一起去观看韩国电影《鸣梁海战》，后来又组织全公司的人去看了一遍。我觉得这是一部非常好的电影。
>
> 影片中，让我印象最为深刻的是主角李舜臣半夜做梦的场景。李舜臣是主将，是将军，但他也是一个普通人，有血有肉。重压之下，他会常常做噩梦，甚至产生幻觉。但他之所以与平常人不一样，就是因为他控制住了自己的恐惧与压力。

这给我的启示和鼓舞非常大。讲这些内容的影视剧，我其实都特别喜欢看。比如《兄弟连》里面也有很好的关于领导力的内容。连长其实就是一个CEO，他管一个连就是管一个企业。剧中，这个连换了几个不同的连长，每个人都有自己带领团队的方法。《拯救大兵瑞恩》《狂怒》等都是这种题材的影片，都可以给我们启发。

这里我主要谈谈《鸣梁海战》，我觉得它教会了我很多关于领导力的内容。

### 1. 坚持：创业是一场坚韧不拔的持久战

我特别喜欢看战争片，因为我发现历史上所有的著名战役，打到最艰难的时候，其实大家都会觉得特别痛苦，这个时候往往谁能坚持下去，谁就赢了。创业也是一样，它不是一场战斗，而是一场长期的、坚韧不拔的持久战。所以，咬牙坚持的坚忍和耐力很重要。

现在的 90 后创业者，不缺激情，也不缺想法，缺少的是一种长期的、坚韧的东西。这恰恰是我们应该向李舜臣学习的，也是我们创业或者领导一家企业必备的素质。

### 2. 勇气：勇士与懦夫的区别在于是否可以控制恐惧

影片中还有一点让我感触很深——李舜臣内心其实也有恐惧，但他作为领导者，作为中心人物，必须首先克服自己的恐惧。

我认为在激烈的对抗和竞争发生的时候，勇气是最重要的。有些人可能觉得才能更重要，但即便你有才能，也需要有勇气控制住恐惧等负面情绪，才能保持理性的判断。以李舜臣为例，即便他了解水，了解当地的地形，有很多的想法，但是在激烈的战争中，还是需要冷静，需要克制畏惧。实际上，所有电影里面的惊险时刻，都是在表现如何保持冷静，如何对自己的情绪和恐惧进行控制。在控制的基础上，才可以做出正确的判断。

在战场上没有人不恐惧，但勇士与懦夫的区别就在于是否可以控制恐惧，在纷乱的环境中是否依然可以做出理智的决策。这是我的体会，也是电影里所表现的。李舜臣的敌人虽然强大，但最后变得极端狂妄，或者极端害怕，决策也越来越不理智，但李舜臣却一直非常冷静和克制。

我性格上有一个特点，可能不熟悉我的人不知道，就是我经常会为小事抓狂，比如看电影没有开低音等，但在我遇到大事的时候，却会非常冷静。当大事要发生时，常常看起来只有死路一条，但这时候我反而会冷静下来，横竖都是死，不如冷静下来想想如何应对。

### 3. 决策力：做一个愚蠢的决定比不做决定好

《鸣梁海战》中开会的场景，跟我们公司开会很像：总有人说这事干不成，总是会有很多不同的意见。柳传志说过一句话："听大多数人的建议，跟少数人交流，最后自己做决策"。所以，最后成功的领导者是一个人，而不是一个团队。

我们现在说企业成功了，创始人肯定是最大的荣耀者、最大的收获者，比如硅谷就很重视创始人。但实际上，很多人只看到了创始人的荣耀，却没有看到他们所承受的压力——最后所有的决策都要他拍板，无论对错，他都必须为此承担后果。

在决策问题上，我一直认为做一个愚蠢的决定也比不做决定好。因为不做决定，苟延残喘，会延误战机；但做了一个错误的决定，如果能够很快意识到问题，那么还可以在执行过程中调整。做决定的这个人会承受巨大的压力甚至他人的不理解。在《鸣梁海战》中，李舜臣就是这个做决定的人。他用了很多方法，比如杀人稳定军心，比如破釜沉舟把大家的营地烧了，等等。但他这些看似不近人情的决定，却很快收拢了军心，最终改写了历史。

### 4. 团队：最终击败你的，不是神一样的对手，而是猪一样的队友

美国有很多企业家都是从西点军校出来的，每次战争之后都会有很多退伍军官进入商业领域。我很喜欢这样的经历，我自己也搞了一个真人的CS（《反恐精英》）场地。我认为从军事当中可以学到两个东西：一是领导力；二是团队合作。

《鸣梁海战》中有一个场景是历史上看不到的。我原以为李舜臣带领的12条船会一起冲过去，没想到最后只有他的船冲过去了，其他的都在观望。在公司里面也有很多类似的情况——你觉得很有信心，把自己鼓舞了，但是团队却不给力。这种情况下，可能最终击败你的，不是神一样的对手，而是猪一样的队友。

但是电影中李舜臣没有埋怨，没有哭诉，只是摇旗呐喊。他靠自己以身作则冲在前面，打了第一个回合，给了团队信心，然后团队才跟上来。李舜臣的确是一个非常具有领导力的成功管理者。

而反观战争的另一方——日本海军，他们失败就失败在猪一样的队友身上。如果他们能够一鼓作气，一起启程，那么300多条战船没理由打不过12条战船。

李舜臣无疑是一个英雄。是英雄造时势，还是时势造英雄，大家向来存有不同的意见。在我看来，没有人是天生的英雄，很多人被命运推到了这个位置，所以成了英雄。就算不是这个人，也会有其他人成为英雄。只是因为这个人做成了一些事，很多人便马后炮式地把他神化了。

同样，没有人是天生的领导者，在我所处的这个行业里，我认识很多如同神话般的大佬。但实际上，这些人十几年前和普通的创业者一样，都是慢慢地、一点一滴地不断摸索出来的。所以，只要你愿意接受挑战，那么你也会有这样的机会。

# 像打游戏一样工作

我个人并不反感打游戏，并且也喜欢研究游戏的各种界面。我觉得游戏就是一个产品，我们从中既可以获得玩的乐趣，也会有很好的用户体验。这时，游戏就类似于轻度毒品，但一旦变成重度毒品，那么我就强烈反对了，比如因为沉迷游戏而耽误了工作、学习或者生活等。

我知道，现在的年轻人很多都爱打游戏，甚至有时候我在开会，下边也有人在玩手机游戏。诚然，打游戏不完全是一件坏事，但是我认为一个人首先应该学会把握和克制自己，不要让娱乐过度影响自己的生活和工作。此外，我们更要像升级打怪那样，充满激情地对自己的工作和生活确立目标并且自我激励。

我们知道，打游戏的时候没有老师、老板、朋友检查你今天升到多少级，也没有人监督你，问你怎么还没升级，让你赶紧练，抓紧时间练。但即便这样，我们自己也会一有机会就玩，有时候恨不得花钱买装备去升级。

这就叫自我激励、自我设定目标。

其实，我们完全可以把这种自我激励放到工作和学习上。比如你是个产品经理，那你就可以把你的产品当成游戏，需要不断练级、升级，产品发出去之后有多少人在用，就是你的级别。如果你追求的是你的产品一夜之间就流行起来，在中国做到上亿用户，如果做到这一点，那么可以说这就是这场游戏的最高级别。如果大家真的喜欢玩游戏，我希望大家能换个心态这么来玩一下。

当然，如果想成为互联网创业新星、明星产品制作人，你就要不断思考，怎样利用现有的一切资源，怎样调动手中的一切力量来做成这个事，而不是找个人在背后督促自己。如果你非要有人监督，那么基本什么事都做不成。所以，我经常跟员工说，如果有一天我没有来和大家开会，或者有一天我没有来检查，那么我希望大家还是能跟我来了一样去做，因为我的督促是手段而不是目的，你们要想着自己去推动。

当年我到北大方正之后，隐瞒了自己所有的创业经历，从一个基层员工（一个小小的程序员）做起，从每天编程序做起。这样一段时间之后，我把这个企业从底层到中层每一个层级的工作都做了一遍。其实没有人逼我，都是我对自己进行的管理和督促，因为我知道自己最终的梦想在哪里，也知道以后这段经历对我的意义。

做产品的时候不是老板找我，而是我主动找他，让他给我时间、给我空间，让我不断去尝试。因为我知道，只有这样才能真正做出好的产品。

我曾经在培训国务院办公厅的秘书学习局域网电子邮件时，萌生了一个想法，我想给这个软件做一个外壳，像游戏一样，让这些秘书不用培训，就能够直接用。说干就干，我白天坚持完成正常工作，然后利用业余时间做这件事情。

当时，北大方正靠近北大，只要你愿意，就可以有非常丰富的业余生活，晚上也会有录像、舞会、电影等。这些就跟我们现在打游戏一样是很难抗拒的诱惑。每天晚上，大家都会混到北大里面去找乐，只有我每天苦哈哈地坐在宿舍里做那个美丽的界面、改程序。我最终坚持把它做出来了。老板看了之后，很感慨。我趁机跟他说："能不能给我一个机会，我想做一个产品。"正是因为这个产品，才有了国内第一套电子邮件系统——飞扬电子邮件系统。最终，虽然飞扬没成功，但没有它我不可能进入互联网领域。

所以，很多事情，要想做成，都必须发挥主动性、积极性，想清楚自己想要干什么，并以此为目标鼓励自己认真工作。有些人觉得反正是给别人打工，那就过一天算一天好了。但事实上，两三年过后，你年纪大了，却没有任何职场竞争力，而新的一批人已经成长起来。这才是真正的浪费青春，这样工作对自身的危害要比直接辞职走人大得多。还有些人觉得，我这样做拿到工资了。的确，工资很重要，特别是刚刚工作的时候，没有工资我们根本活不下去，但从某种角度讲，我又觉得工资不重要。就算你今天拿20万元年薪，这个钱也是有限的，如果你不能提升知识和技能，那么未来仍旧堪忧。

可以非常负责任地说，我能够走到今天，就是因为无论是在雅虎，还是在方正，无论面对的是任何事情，我都能激励自己，我会要求自己努力、努力、再努力。因为我知道我这样做，最大的收获不是能赚到多少钱，而是会提升自己的实力，增长自己的见识。这就像你在游戏账号里不断累积的等级和财富一样，到最后，自己才是最大的受益者。这才是我最看重的东西。

## 给年轻人更多的机会

公司做大之后，势必会需要更多的人才。并且当公司做到7000人的时候，我也相信，里面一定藏龙卧虎，有很多聪明人。但遗憾的是，过去几年，随着公司业务的快速增长和发展，我们忽视了对人才的发掘和培训。我相信我们公司有很多聪明的、优秀的年轻人，但我们实际上不知道他们在哪里，也不知道如何去发现这些人才。

意识到这个问题之后，我们马上确定了一个新的人才发掘和激励方案，而其中最重要的就是给年轻人更多的机会。

我们还有很多老员工，他们都曾经为企业的发展做出过贡献，当然在公司也得到了丰厚的回报。但这些篇章翻过去之后，无论新员工，还是老员工，大家都站在同一条起跑线上。我们希望公司的老员工能够提升自己的领导力和管理能力，能够成为企业的中流砥柱，把控好产品架构；同时，我们也希望新员工能得到更多展示自己的机会和舞台。

现在的90后已经20多岁，很大一部分都已经进入企业，走上工作岗位。对于我们来说，如果不能让奇虎360重新充满年轻的感觉，如果我们不能瞄准以年轻人为主体的用户群体，了解他们更多的感觉，我们将会被时代无情地抛弃。所以，我们很重要的一个任务是给年轻人机会，给他们舞台，让他们创造奇虎360的未来。

### 1. 每年评选优秀个人、优秀团队，每个季度评选“公司之星”

以往我们也有优秀个人、优秀团队的评选，但说实话，很多时候标准很难统一。并且评选一般都是在第四季度进行，所以我们往往对最后一个月干得出色的人印象更为深刻，评选的时候自然可能会有些倾斜。另外，对于互联网公司来说，一年的评选周期的确太长，所以我们后来确定了每个季度评选“公司之星”的制度。

至于评选的标准，其实也很简单，只要在每个季度做出了卓越的贡献，或者做出了很好的产品，就有机会被评选为“公司之星”。一旦被评选上，回报也很丰厚，工资、奖金都能拿到。有的人觉得奖金应该给100万，我觉得，只要你真的做出了贡献，这也不是不可能。

### 2. 创造更多分股票的机会

奇虎360上市之后，有些新员工给我写信、发牢骚，说他们来公司来晚了，股票都被老同志分完了，他们没“钱途”了。

在给员工分股票这件事上，我们的确是行业里很大方的一家公司。

公司上市以后，我们大概有一半的股份被投资人拿走了，剩下的一半里，我们又拿出1/4的股份分给了员工。

虽然我们已经给老员工分了很多股票，但我仍旧可以很负责地告诉大家，未来，我们还会创造更多分股票的机会，只要你能为公司发展做出卓越的贡献。因为上市的时候我说了，我有一个权力，如果我觉得有必要，可以随时增发。比如我再增发10%的股份，分给为公司做出贡献的新、老员工，在这个方面，新、老员工一视同仁。

无论是我们的员工，还是其他年轻人，我都经常跟他们讲，如果你的目标就是赚工资，那即便我给100个月的工资，你在北京可能也买不了一套房。工资其实就是养家糊口用的，想要安居乐业，你就必须做出好的产品，创造卓越的贡献，这样你就可以像老员工一样，拿公司的股票，实现财务自由。而公司方面，自然也会为大家创造更多分股票、拿奖励的机会。所以，我想告诉新员工，你刚加入奇虎360一两年，还算一个新员工，没关系，只要能做出好的产品，你就还有机会。

## 3. 鼓励小团队发展

为了锻炼和培养年轻人，我们还会在内部划分很多小团队。我希望在年轻员工中间，能够有人通过培训毛遂自荐，然后通过不断锤炼，真正涌现出一批有想法、愿意尝试做产品的后起之秀。

奇虎360走到今天，我们不可能只做一个产品，以后更不可能。

以奇虎360手机部门为例，以往我们做一个手机可能就是整个企业的一个大产品，项目很大，参与人员也很多。但是以后，我们要事先确定产品的系列化。具体来讲，就是在一个大产品后面，可能还会有一二十个小产品。

每一个小产品，哪怕它只有一个功能，但只要它能够打动用户，能够让用户通过它建立起对品牌的信任，在过去它可能只是计算机上的一个功能，但在今天，它却可能变成手机上的一个APP，它就有可能获得几百万、几千万甚至上亿用户。

对员工来讲，以往几百个人、几千个人一起去参与一个项目，去开发一个软件，最后个人的价值可能难以体现，个人也很难推动整个产品研发进度。分成小团队做系列产品后，我们就能够发挥很多小团队的优势。并且，这样做也可以给更多的年轻人独立带团队、独立带项目的机会，并以此来证明他们值得公司给予他们更多的股票。这其实也是我们公司的一个主要的考核指标。

### 4. 支持内部孵化和内部创业

为了给年轻人机会，我们还有一件事要做，就是如果有员工希望创业，也有好的想法，并且也确实在公司证明了他有这种能力，那么我们可能就会给他提供支持，让他去创业。我们之所以有这个前提条件，道理也很简单——如果一个员工在公司提供的平台上，用公司的资源都做不好一个产品，那么你让我给你500万，你出去就能做出一个好东西，我真的不相信。所以，我们要寻找的一定是那些经过实践证明的优秀人才和创业者。

未来，我们会在奇虎360内部支持员工内部孵化和内部创业。虽然没有跟外界讲，但实际上我们不少有想法的员工，已经有了自己的创业小团队，并且做得非常好。我们有些员工，他们在过去的几年里证明了自己，他们今天也有一定的眼光，所以当他们提出希望公司支持他们的时候，我们采用内部孵化的方式从里面挑选了将近10个项目，让他们在公司里面组建自己的小团队，然后让他们用自己的资源去做产品、去做用户。将来，如果发展得好，他们可以独立拆分，变成奇虎360的子公司。

事实上，很多人都喜欢创业，也都有自己创业的想法，但在我看来，不是只有自己跑出去注册一家公司才叫创业，对于那些暂时实力不强、资源不多的人，我的建议是不妨借助公司的资源，在公司的平台上，去做一个伟大的产品，这其实也叫创业。并且，在公司的帮助下进行孵化，在条件成熟的时候再独立单飞，这可能比贸然出去拿一笔投资，成功的概率要高一些。

今天很多人跟我讲，在外面只要说自己是360小组出去的，好像就可以拿到投资。我却认为，如果一件事拿了钱就能成功，那这件事实际上是最容易的一件事，大家会毫不犹豫地去做。事实上，这样的事情并不多见。对于企业来讲，更多的时候，我们拿到钱只是一个必要条件，最重要的考验还是我们对产品的理解，对市场和用户的把握，以及自己的执行能力。否则，就算你有100个好点子都没用。无论是智能硬件，还是软件，真正去做的时候，你就会发现想法不是最重要的，最重要的是如何在市场里把产品做出来。

现在，无论是员工在内部成长，还是年轻人出来单挑，独立承担一个产品，抑或是有些老员工说“老周，公司要支持我，进行内部孵化，开始独立创业”，我们全部都以一种开放的心态去支持。对于公司来讲，能支持自己的员工获得成功，其实是他们和公司的一种双赢，我们一定会竭尽全力去做。

例如，在我们举行的一次活动中，我给大家留了一个作业，让他们对我们已有的产品进行吐槽，或者拿出新的解决方案。结果有一个个性飞扬的学生，让我刮目相看。我记得当时一天看了10个方案，结果他的方案甚至比我们当时正在做产品的这个小组的方案还要好，因为他有独到之处。

我们不是没有人才，而是由于过去一门心思专注于业务推广、公司发展，而忽略了对人才的关注，忽略了给大家创造机会。

所以，未来，我们会变得更加开放，给年轻人更多的机会，让大家能够充分发挥优势。我也希望奇虎360内部能有更多员工、更多年轻人勇敢地挺身而出，告诉我：“老周，我想做一件事情，需要你的支持。”